DANÇA E EDUCAÇÃO

CIP-BRASIL. CATALOGAÇÃO NA PUBLICAÇÃO
SINDICATO NACIONAL DOS EDITORES DE LIVROS, RJ

A446d

Almeida, Fernanda de Souza
  Dança e educação : 30 experiências lúdicas com crianças / Fernanda de Souza Almeida. – São Paulo : Summus, 2018.
  128 p. : il.

  Inclui bibliografia
  ISBN 978-85-323-1089-7

  1. Dança na educação. 2. Dança – Estudo e ensino. I. Título.

17-46386
CDD: 372.86
CDU: 372.86

www.summus.com.br

EDITORA AFILIADA

Compre em lugar de fotocopiar.
Cada real que você dá por um livro recompensa seus autores
e os convida a produzir mais sobre o tema;
incentiva seus editores a encomendar, traduzir e publicar
outras obras sobre o assunto;
e paga aos livreiros por estocar e levar até você livros
para a sua informação e o seu entretenimento.
Cada real que você dá pela fotocópia não autorizada de um livro
financia o crime
e ajuda a matar a produção intelectual de seu país.

Fernanda de Souza Almeida

DANÇA E EDUCAÇÃO

30 experiências lúdicas com crianças

summus editorial

DANÇA E EDUCAÇÃO
30 experiências lúdicas com crianças
Copyright © 2018 by Fernanda de Souza Almeida
Direitos desta edição reservados por Summus Editorial

Editora executiva: **Soraia Bini Cury**
Assistente editorial: **Michelle Neris**
Capa: **Buono Disegno**
Imagem da capa: **Shutterstock**
Projeto gráfico: **Crayon Editorial**
Diagramação: **Santana**
Impressão: **Sumago Gráfica Editorial**

Summus Editorial
Departamento editorial
Rua Itapicuru, 613 – 7º andar
05006-000 – São Paulo – SP
Fone: (11) 3872-3322
Fax: (11) 3872-7476
http://www.summus.com.br
e-mail: summus@summus.com.br

Atendimento ao consumidor
Summus Editorial
Fone: (11) 3865-9890

Vendas por atacado
Fone: (11) 3873-8638
Fax: (11) 3872-7476
e-mail: vendas@summus.com.br

Impresso no Brasil

Dedicamos este livro aos professores que acreditam em uma infância protagonista e que persistem e resistem dentro do difícil cenário social, político, econômico e ético em que se encontra o país. Compartilhamos dessa luta e, por essa razão, nos dedicamos às ações de extensão e pesquisa na educação.

Alice no país da criançaria

Quando Alice chegou no Tempo de Infância,
sentiu saudade do tempo de criança dela.

Já não era mais pequena e nem somente aluna.
Agora Alice era professora e professora de gente miúda.

Estudou, refletiu, experimentou e criou.
Sentiu-se capaz, incapaz, feliz e infeliz nesse processo.

Queria aprender, então se deixou ensinar
por aqueles que possuem outros saberes.

Os saberes da espontaneidade, fabulação e criação.
Desprendido de julgamento ou gozação.

Essa gente miúda era destemida que só.

Desbravou a Savana com Alice e até mais!
Dançaram com os animais.

Quem ouvia aquela dança da contação,
certamente achava que era confusão.

Mas que confusão que nada! Era só Alice e mais
22 crianças deixando aflorar a imaginação.

A bicharada se reunia com os elementos da dança
e até com as sensações.

Alice ensinou muito mais que dança.
Ensinou sobre natureza, identidade, ouvir e esperar.
Experimentaram juntas brincadeiras imitadas de dançar.

Alice sente saudade da infância, mas volta a criançar
sempre que, rodeada dos pequenos, ela está.

Letícia Fonseca

Sumário

Prefácio 9

Antes de atar os nós 13

Construindo redes 15

1 Corpo: sensações e percepções 23

2 Movimento e ações corporais 45

3 Espaço 65

4 Ritmo e musicalidade 85

5 Artes integradas 99

6 Lançando além-mar 119

Referências bibliográficas 123

Prefácio

Um título pode parecer algo simples. Um título e/ou um nome buscam abranger todo um conjunto de ideias, intenções, ações e desejos. Um título é um símbolo, uma característica que abarca um modo de pensar, de ser, de estar e agir no mundo.

Começo a experienciar o título deste livro pela preposição "com". Sem fragmentação (termo usado por Fernanda de Souza Almeida e colaboradores), enquanto escrevo, essa experiência é intelectual, emocional, física. As preposições, como é sabido, são conhecidas por estabelecerem conexões de sentidos entre dois termos de uma frase. No caso em questão, a preposição "com" liga "experiências lúdicas *com* crianças". Faz diferença? Sim, muita.

No âmbito da dança e educação, e em qualquer outro, *para* crianças apresenta o mundo adulto determinando o que as crianças devem fazer. Usar o *para* seria colocar o mundo adulto em desconexão com o mundo infantil.

Das ou *pelas* crianças seria também tornar os sistemas simbólicos de adultos e crianças incomunicáveis – e, sabemos, a criança é produtora de cultura, tem autonomia, mas esta é relativizada, inclusive pela própria sobrevivência. Ou seja, a criança precisa do adulto para orientá-la.

Com crianças traz uma escuta, uma ação de comunicação entre os mundos adulto e infantil. Apresenta – aos professores, aos artistas e a todos que necessitam aprender, estudar, pesquisar e continuar a se formar na relação com a cultura e com a dança infantil – uma abertura em relação à correlação de mundos e a um ponto de vista baseado no lugar de fala das crianças.

Entretanto, mais que um ponto de vista, é um modo de experimentação, de estudo. Ele é dançado por Fernanda de Souza Almeida e colaboradores. *Co(m)*partilhar mundos adulto e infantil nas "30 experiências lúdicas com crianças" reintegra a noção de continuidade entre um e outro (adulto e criança), em um processo multidirecional e, sobretudo, respeitoso. É muito fácil ser autoritário. É muito fácil magoar as crianças. É muito difícil agir no processo de mediação educacional delas. Fernanda de Souza Almeida e colaboradores nos fazem entender que a mediação é um processo do qual as crianças também são parte. A autora mostra, ainda, que a dança que ensina – de modo educativo, ou seja, que busca emancipar pelo ensino – também é parte desse processo (de mediação).

As metáforas empregadas no texto são cuidadosas. Elas não são meras figuras de linguagem (verbal), mas também um modo de proceder do corpo.

O termo *"lúdicas"* (em forma da ação em vez de abstração) no título (e no livro) é apresentado em referência à elucidativa proposição do professor Cipriano Luckesi. Lúdico é um estado da pessoa, seja criança, adolescente, jovem ou adulto. Lúdico é integração de si mesmo e com o mundo entorno. Ações lúdicas não são passatempo, são contributos à formação da criança, são ações emancipadoras para que a criança desenvolva um papel ativo na definição de seu próprio estar na dança, no mundo.

Dança no título (e no livro) configura uma espacialidade convidativa a muitas possibilidades de se dançar: "danças de rua (*breaking* e *krump*), balé, danças brasileiras (coco, cacuriá, capoeira) e *creative dance*". Cada uma delas feita em sistemática profusão criativa no desenvolver das "30 experiências". Cinco "nós" as organizam: 1. "Corpo: sensações e percepções"; 2. "Movimento e ações corporais"; 3. "Espaço"; 4. "Ritmo e musicalidade" e 5." Artes integradas". Há uma estrutura logicamente orgânica: – "tema"; "participantes"; "objetivos"; "estratégias"; "sequência didática" e o desenvolvimento com descrições, os quais, tenha a certeza, transparecem investigação entrelaçada *com* as crianças. Ainda com extremo cuidado, temos sutis interpretações, tais como "dica"; "contextualizando", "conversa docente", permeadas de inquietações, buscas e comprometimentos que interpelam modos de fazer e analisar danças e a docência em dança *com* crianças.

Aproveitemos e (*com*)partilhemos a relevante contribuição deste livro com a dança no Brasil e, reafirmo, com as crianças. Temos nestas ricas experiências uma atitude de contundente inserção engajada na dança e na educação da dança, um vínculo com um pensamento crítico social, educacional e artístico pleno. Não se iluda! Não são guias, não são receitas! Fernanda de Souza Almeida não retém informações! Ela (*com*)partilha conhecimentos. Oferece 30 experiências lúdicas, a partir das quais – por conta da sua abertura ao futuro, aos impactos das transformações – poderemos buscar outras muitas mais.

Lenira Peral Rengel

Antes de atar os nós

A ideia deste livro surgiu ao término da primeira edição do projeto de extensão Dançarelando, vinculado ao curso de licenciatura em Dança da UFG, concomitantemente à conclusão da orientação de três belíssimas pesquisas, todos marcando uma forte e significativa presença em escolas públicas de Goiânia e região.

Para a realização dessas quatro ações, houve um grande investimento de energia, emoção, pensamento e tempo de uma equipe de seis pessoas comprometidas que vislumbravam a oferta de uma educação sensível, criativa e de qualidade às crianças.

Ao final desse processo, contávamos com acervo de quase 50 experiências dançantes mediadas em contexto educacional infantil. E, no desejo de socializar algumas delas com demais professores, selecionamos, aprimoramos e reescrevemos 30 delas.

Dessa forma, relevo ao leitor que cada componente da equipe concebeu e trabalhou em pelo menos três intervenções descritas aqui, além da colaboração na leitura dos manuscritos.

Nesse contexto, não posso deixar de agradecer e dar os devidos créditos a essas guerreiras que me acompanharam ao longo de todo esse processo, bem como convidar o leitor a buscar por suas pesquisas na íntegra. São elas:

Letícia Fonseca de Abreu – "Alice através dos tempos: contando histórias para dança" e "Se eu conto, você dança?"

Jéssica Tavares de Faria – "Brincadeira de rua: uma abordagem lúdica de ensino do *breaking* na escola"

Patrícia Ferreira da Silva – coautora do artigo "Se eu conto, você dança?"

Taynara Ferreira – "Dançar e Brincar: uma experiência de balé com crianças pequenas"

Yone Martins Souza Milet – "Dança e educação infantil: uma experiência multietária no projeto de extensão Dançarelando"

A elas, respeito, gratidão eterna e estimas de caminhos sempre abertos e iluminados.

Construindo redes

O ser humano é uno...
O corpo não fragmenta...
As linguagens dialogam...
As artes se integram...
A dança transdisciplina...
E as crianças?
Ah! As crianças...
Elas nos ensinam a conectar, costurar, interagir,
Mergulhar de cabeça, inteiras,
Nos universos subjetivos, imaginários, expressivos e sensoriais.

Um dinamismo complexo entre dança, criança, lúdico e educação no qual nasce este livro, proveniente de nossas vivências profissionais, especialmente das ações em projetos de extensão e de pesquisa com crianças entre 2 e 10 anos de idade.

Um desejo de compartilhar experiências e contribuir com a formação de professores em dança – descartando a produção de "receitas de bolos" – e a sugestão de atividades que já realizamos com a pequenada, inundadas de dicas de músicas, vídeos, leituras extras e transposições a diferentes espaços onde a educação atravessa, de maneira formal ou não.

Um livro que, além da oferta de 30 sequências didáticas completas, assumiu o desafio de dialogar com a teoria, apontando possíveis desdobramentos em projetos educativos. Uma escrita mais aprofundada e cuidadosa para que o docente se aproprie com autonomia, criando outras perspectivas.

São propostas em arte que almejam a expansão da criatividade, da sensibilidade, expressividade e do conhecimento de si, do outro e do meio; com conceitos:

Com isso, entre... Tire os sapatos, deite, sinta-se, role no chão, maravilhe-se, dance sua dança e só depois realize as vivências *com* as crianças; sobretudo, adapte-a a cada contexto, elaborando outras possibilidades. Use e abuse. Conceba cada sugestão de maneira flexível, assim como quando um pescador lança sua rede ao mar. Ela nunca invade a água de maneira uniforme – umas partes descem antes de outras, vão ondulando até se assentar.

E, nesse balanço, as propostas foram organizadas em cinco nós que compõem nossa rede dançante:

Corpo: sensações e percepções. Seis sequências didáticas completas e dicas com foco na consciência do corpo: sentidos, articulações, partes do corpo, apoios, eixo, transferências de peso e postura.

Movimento e ações corporais. Segundo conjunto de vivências com o cerne nas ações corporais (Laban, 1990; Rengel, 2008; Almeida, 2016): saltar, girar, rolar, dobrar, esticar, torcer e tantas outras opções de movimentos que podem compor as mais diferentes danças.

Espaço. Nessa reunião de atividades corpo e espacialidade dialogam, envolvendo os conceitos de níveis, progressão, formas, direção, espaço pessoal/cinesfera (Laban, 1990; Rengel, 2008; Almeida, 2016), entre outros.

Ritmo e musicalidade. Seis sequências completas e dicas com eixo nas relações entre dança, som, ritmo, melodia, harmonia, percussão corporal e música.

Artes integradas. Quinto e último conjunto de vivências com cerne na integração das linguagens, sendo a dança o carro-chefe. Aqui, são apresentadas propostas de dança e contação de história, dança e tecnologia, dança e desenho.

Uma rede feita a muitas mãos, com laços que anunciam uma organização didática e o foco de cada atividade, sem, contudo, projetar uma hierarquia, ordenação ou fragmentação entre elas ou entre os conceitos e elementos da dança; isso porque o mundo do conhecimento não está dividido em assuntos escolares. Desse modo, desejamos investir em uma reconfiguração da educação que categoriza tudo, apostando na arte com sua potência de integrar, romper fronteiras e convidar à experimentação, à sensação, invenção, criação e ao brincar. "Arte é totalidade. E não é de totalidade que estamos em falta na educação?" (Ostetto, 2014, p. 11)

Ademais, cada vivência aqui descrita, antes de ser sugerida às crianças, foi experimentada por nós em um exercício de refletir sobre as necessidades de adequação e alteração e na tentativa de compreender o ponto de vista dessa gente miúda. Tal ação contribuiu para uma práxis mais segura, elaborada, (in)corporada, com sentido e próxima da infância, bem como com nossa profissionalidade docente lúdica e criativa.

Nesse contexto, ressaltamos a importância de o professor experimentar em seu corpo, arriscar, sentir a sensação e a alegria de cutucar e ser cutucado, abrindo espaço para a imaginação e o espanto. Esses momentos de encontros e trocas foram de extrema importância para a diversificação de nossos repertórios e a expansão do pensamento e sentimento. Momentos que, como afirma Ostetto (2014), nos ajudaram a balançar nossas certezas pedagógicas, abrindo espaço para o cultivo da dúvida: potência do ato criador.

Durante esse processo, ficou evidente a busca partilhada de uma equipe que, impulsionada pelas palavras de Brotto (2003) – sobre nenhum de nós ser tão bom e inteligente quanto todos nós –, trabalha coletivamente para tecer diversas redes.

Destacamos também que as 30 experiências ora são em dança com seus elementos gerais (sem uma forma propriamente dita), ora têm seu cerne em linguagens como as danças de rua (*breaking* e *krump*), balé, danças brasileiras (coco, cacuriá, capoeira) e *creative dance*. Sempre atravessadas pelo lúdico, pela descoberta do corpo e pela exploração do movimento e em diálogo com um grupo geracional específico, sem, contudo, rotular as características das crianças. As projeções etárias estão em função de nossa vivência docente, entretanto incentivamos o ensaio com outras idades, realizando as alterações necessárias.

A respeito do lúdico, Luckesi (2005) afirma que uma atividade lúdica é aquela que propicia a plenitude da experiência, buscando uma entrega total: mental, emocional e física; é um momento de imersão, de mergulho na vivência que vai além do sentido mais simplista do senso comum sobre o riso e a diversão. Desse modo, o lúdico pode ser concebido com uma ação de muita seriedade para a criança, muitas vezes *possuída* por um impulso criador e uma inspiração livre e vigorosa.

Nesse contexto, o lúdico é particular e individual; o que é prazeroso e envolvente para um pode não o ser para o outro. Com isso, pensar em uma intervenção que dialogue com o lúdico é, antes de mais nada, olhar sensivelmente para o grupo e (re)pensar, constantemente, as proposições, diversificando-as.

Em relação à dança, Almeida (2016) comenta que o acolhimento do lúdico como uma estratégia para mediar a dança com a pequenada demonstra-se viável devido ao seu caráter dinâmico, criativo e atraente, sem ser rotineiro. Dessa forma, utilizar elementos do lúdico como jogos, brinquedos, brincadeiras, brinquedos cantados (terminologia utilizada para brincadeiras de roda, de mãos e outras em que as crianças cantam enquanto brincam) e faz de conta, em vivências dançantes, é essencial às crianças, pois se torna um atrativo que possibilita um estado de prontidão, atenção, disponibilidade, autonomia e interação com seus colegas e educadores.

Com isso, almejamos que as experiências socializadas neste livro despertem o interesse por uma educação mais prazerosa que coloque os pequenos como centro do processo, valorizando seus talentos, sensibilidades, imaginações e inteligências criativas ao compreender o mundo. Um passo em direção a uma melhor qualidade do processo educacional infantil, no qual a arte seria um dos pilares centrais.

Nesse sentido, a criança é concebida como um ser diferente do adulto; não melhor ou pior. Ela possui outro campo de percepção; vê aquilo que a vista opaca do cotidiano dessa gente crescida não enxerga mais. "Ou seja, as crianças não sabem menos, elas sabem outras coisas" (Simão e Rocha, 2007, p. 5). Sendo assim, a interação entre adulto e criança deve ser de parceria, diálogo, escuta, apoio; ambos se inspiram, fortificando diferentes modos de ver, sentir e fazer.

Ademais, essa pequenada possui um mundo peculiar, autêntico, no qual sua curiosidade, sensibilidade, criatividade e capacidade de produção simbólica são expressas em gestos e movimentos. São seres que se constituem plenamente corpo e se envolvem sensorialmente com as coisas, objetos e outras pessoas, potencializando o sentido do tato (Sayão, 2002). Isso pode ser notado pela necessidade de mexer, fuçar, pegar; ou por um abraço súbito que ganhamos, uma mão que acaricia nosso cabelo de repente; mas também quando brigam e o corpo todo participa da ação.

Portanto, é fundamental valorizarmos o movimento, o brincar, as relações e interações, oferecendo diversas possibilidades para expandir suas potencialidades. Segundo Carbonell (2016), as potencialidades das crianças são ilimitadas, e, se há limites, estes estão em quem as vê e não nelas mesmas.

Nesse contexto, o encontro entre dança e infância pode ser frutífero, desde que essa dança não se resuma a passos, repetições sem sentido, elaborações de coreografias para datas festivas ou mímicas de letras de música. Sim, aprender o passo pode fazer parte do processo e é necessário para a compreensão de determinadas manifestações artísticas e culturais, assim como as apresentações também contribuem com a formação em/pela arte. Entretanto, reduzir a oferta da dança a essas escolhas é minimizar a força sensível, criativa, autônoma e simbólica que essa linguagem carrega.

Sobre isso, é necessário que as vivências em dança com as crianças estejam em consonância com as Diretrizes Curriculares Nacionais para a Educação Infantil (2009, art. 9), quando apontam sobre garantir experiências que:

> I - promovam o conhecimento de si e do mundo por meio da ampliação de experiências sensoriais, expressivas, corporais que possibilitem movimentação ampla, expressão da individualidade e respeito pelos ritmos e desejos da criança.

Com base em tal aspecto, se a dança objetivar apenas a mímica das letras da música e a produção de passos "corretos", todos juntos e ao mesmo tempo, ela se afastará desse princípio.

> II - favoreçam a imersão das crianças nas diferentes linguagens e o progressivo domínio por elas de vários gêneros e formas de expressão; gestual, verbal, plástica, dramática e musical.

Nesse sentido, seria interessante a oferta de múltiplas vivências pautadas nos elementos gerais e nas diferentes manifestações da dança. Mas, e se eu trabalho no contraturno, ou no ambiente educacional não formal ministrando aulas de balé? Ao longo do livro apontaremos algumas sugestões e dicas de modificações, que atravessam diversas danças.

> III - promovam o relacionamento e a interação das crianças com diversificadas manifestações de música, artes plásticas e gráficas, cinema, fotografia, dança, teatro, poesia e literatura.

Assim, buscamos que a dança dialogue com as demais linguagens para a compreensão da arte como um todo, investindo na potência de um trabalho integrado: dança e desenho; dança e poesia; dança e dramatização; dança e música, e outros encontros possíveis e, por que não, impossíveis.

E foi nesse impulso que elaboramos, escolhemos e experimentamos cada vivência descrita, no desejo de socializar ações em dança nos diferentes ambientes educacionais; com ideias e sugestões de possíveis abordagens.

Sabemos que a realidade é inexaurível, entretanto acreditamos na riqueza das trocas. Proposições sensíveis e criativas vêm sendo realizadas, e estas precisam ser compartilhadas, debatidas e sistematizadas para que possamos fortalecer a dança na escola. Nesse contexto, a socialização de experiências práticas em diálogo com a teoria poderá auxiliar na efetiva inserção dessa linguagem no contexto escolar, além de favorecer a formação de professores que atuarão nessa área, (re)conhecendo as amplas possibilidades da dança e percebendo como modificar suas práticas.

Então... Sejam bem-vindos! A casa é nossa; um espaço arejado, sem muros e com muitas janelas que nos permitem lançar outros olhares a outras paisagens!

Boa leitura e boas danças!

1
Corpo: sensações e percepções

Na dança, o corpo é um dos elementos fundamentais, matriz geradora de sua expressão, um instrumento dos gestos plenos de significado, permeado por um universo cultural plural e complexo (Siqueira, 2006).

As experiências corporais, potencializadas pelo envolvimento sensorial, têm centralidade nas relações e intervenções das crianças, sejam consigo mesmas, com o outro, com as coisas ou com objetos. Nesse sentido, as vivências em dança podem favorecer aos pequenos a ampliação das percepções e sensações sobre seu corpo de maneira sensível, aprofundada e criativa, transformando-o em material de investigação (Andrade, 2016).

Desse modo, as intervenções podem pautar-se nas noções de anatomia, por meio do estudo prático e teórico da estrutura esquelética, das articulações, de partes do corpo, de dimensões e tamanhos, das alavancas e das graduações do tônus.

Em especial, a experimentação de diversas possibilidades de apoiar o peso do corpo no chão, na parede, nos objetos e nos colegas, com diferentes partes e em variadas posições (decúbito ventral, dorsal, lateral), aguça a percepção da ação da gravidade e a distribuição da força entre os ossos e músculos.

Trata-se de um decantar, acomodar e transferir que oportuniza a sensibilização dos eixos corporais (longitudinal, transversal e anteroposterior) e seu consequente alinhamento postural em situações de equilíbrio estático, dinâmico e recuperado. A partir disso, é possível expandir a consciência dos lados do corpo, das direções do movimento e de sua orientação no espaço. Uma rede complexa, na qual nenhuma ação acontece de maneira isolada.

Destacamos que a menção ao vocabulário correto, sem subestimar a capacidade de compreensão da criança, favorece um maior reconhecimento e apropriação do próprio corpo (Miller, 2012), em uma organização corporal não só para a dança, mas para a vida.

Ademais, as vivências podem explorar, enfatizar ou suprimir um ou dois sentidos do corpo, como tato, paladar, visão ou propriocepção, em experiências com o toque, com diferentes aromas, texturas, sons, inclinações do terreno, desequilíbrios, entre outros. Conceitos que permearam as sequências didáticas descritas ao longo do texto.

> **DICA:** para aprofundar os elementos da dança que envolvem as percepções e sensações do corpo, veja:
> ALMEIDA, Fernanda de Souza Almeida. Que dança é essa? – Uma proposta para a educação infantil. São Paulo: Summus, 2016.
> ANDRADE, Carolina Romano de. Dança para criança: uma proposta para o ensino de dança voltada para a educação infantil. Tese (Doutorado em Artes), Universidade Estadual Paulista, São Paulo, 2016.

Mas, e quando no grupo há crianças com redução de mobilidade, dificuldade de controle tônico, bloqueios com o toque, baixa ou ausência de função em um dos sentidos ou outras deficiências?

Em primeiro lugar, não se deve ignorar as dificuldades, mas partir das potencialidades, atentando-se às situações em que os pequenos obtêm sucesso. Em segundo, é necessário confiar na capacidade e oferecer oportunidades, educação e respeito para tornar a vivência inclusiva e de qualidade, valorizando as diferenças sociais, culturais, físicas e emocionais. Em terceiro, deve-se pensar em todas as barreiras (arquitetônica, comunicacional, metodológica, instrumental, pragmática e atitudinal) que possam dificultar o acesso da criança ao ambiente e/ou às informações, criando estratégias de acessibilidade, viabilizando sua participação.

Algumas dessas estratégias podem resvalar na utilização de materiais didáticos diversificados e adequados, como imagens ampliadas para baixa visão; apresentar a proposta da atividade de diferentes formas, com audiodescrição, libras, desenhos e linguagens alternativas; ou solicitar ajuda aos colegas da turma, sem estabelecer uma relação de dependência ou apoio.

É importante que a vivência não seja modificada, mas adaptada para incluir todos, no mesmo processo.

MEU CORPO SENSÍVEL

Tema: corpo todo, sensibilidade tátil e olfativa.
Participantes: 2 a 8 anos de idade.
Objetivos:
- Aguçar os sentidos do tato e olfato.
- Favorecer uma percepção mais sensível do corpo todo e de suas partes.

- Incentivar a expressão de uma dança leve, suave e motivada pelos aromas das flores.

Estratégia: imaginação, faz de conta, recitação de poesia e circuito de estações.

Materiais: uma colcha ou lençol de casal, duas ou três bacias de plástico ou banheiras de bebês, potes de plástico, variados grãos como feijão, milho, pimentas diversas, algodão, hidratante e essência de lavanda ou de outra flor.

Sequência didática

- **Chamamento:** com penas artificiais, faça cócegas nas crianças, convidando-as para a atividade. Ao lado de fora da sala ou distante de onde você organizou os materiais, explique metaforicamente que teremos alguns objetos mágicos nessa vivência e combine de não os colocarem na boca, nem em outros buracos do corpo, como o nariz, orelha e umbigo, pois, caso isso aconteça, as sementes encantadas não poderão ser plantadas para nascer e virar plantas com flores e frutos.
- **Experimentação:** exponha, pedindo que peguem e cheirem, grãos de café, milho, feijão, soja, entre outros.

CONTEXTUALIZANDO: nomeamos de "chamamento" esse primeiro contato com as crianças, no qual as convidávamos para a vivência com algo que despertasse sua atenção e interesse e estivesse ligado ao tema do encontro. Isso era possível pois mediávamos a dança no *hall* de entrada da instituição, necessitando buscá-las todos os dias no pátio. Caso você não precise buscar os pequenos, o chamamento também pode acontecer de outras maneiras. É só liberar a criatividade para provocar a curiosidade das crianças e ambientar a vivência. Pedaços de panos são ótimos para isso!

Apresente as estações táteis:
1. uma colcha ou lençol grande com milho espalhado no qual poderão deitar, rolar e sentir as sementes por todo o corpo.
2. bacias com feijão para pisar, sentar e se banhar nos grãos.
3. potes individuais para manipular com as mãos as sementes de soja, sentindo-as entre os dedos, pegando pequenas quantidades e massageando diferentes partes do corpo. Aqui é importante dizer os nomes corretos das partes do corpo!

- **Sensações:** leia o poema "A canção da flor da pimenta", do livro *Ou isto ou aquilo*, de Cecília Meireles.

Converse com as crianças sobre a poesia, o que identificaram, dúvidas e comentários e pergunte se elas já conheciam a pimenta e sua flor. Mostre-a, sugerindo que sintam o cheiro de diferentes tipos (dedo-de-moça, biquinho e de cheiro). Faça o mesmo com o algodão e sua flor.

> **CONTEXTUALIZANDO:** esta vivência compôs um projeto no qual oferecemos a dança por meio do tema jardim, uma vez que identificamos nas crianças um interesse sobre o assunto. Iniciamos desenvolvendo atividades relacionadas aos movimentos dos insetos, seguido das flores, com suas cores, aromas, texturas e partes. Aqui estávamos começando um trabalho de sensibilização tátil e percepções do corpo e de suas partes.
> Ao longo do livro você verá outras vivências que estavam inseridas nesse tema.

Entregue um pedaço de algodão a cada um e solicite que passem pelo corpo, orientando que agucem o tato para notar a textura, diferenciando-o das sementes. Realize o mesmo com um pouquinho de hidratante com perfume de flor (usamos o de lírio).

> **CONVERSA DOCENTE:** onde moramos, foi fácil encontrar uma flor natural de algodão. Quando a mostramos às crianças, elas ficaram absolutamente encantadas, comentando que só conheciam o algodão de farmácias. Foi um aprendizado bem interessante.
> Caso em sua região não tenha essa facilidade, mostre-a em fotos, imagens de internet ou vídeos. Valerá a pena!

Por fim, coloque nas mãos dos pequenos gotas da essência da lavanda, explicando que esta pode ser roxa, branca ou rosa e é muito usada para extrair um óleo cheiroso e fazer perfumes, além de produzir o néctar, que será transformado pela abelha para servir de alimento, como todas as flores.

Pergunte o que eles lembram quando sentem esse aroma, se pensam em algum movimento ou qual ação combina com o cheiro da lavanda, sugerindo que os mostrem. Peça que imaginem estar sobrevoando um campo de lavandas, como borboletas, e que dancem levemente entre flores, ondulando, flutuando e pousando.

> **DICA:** utilize músicas relaxantes e calmas. Aqui seria uma boa oportunidade para apreciar músicas clássicas, sons de piano, flautas ou outros gêneros instrumentais. As composições do músico grego Yanni podem ser boas opções.

Com o passar da experimentação, sugira que se movimentem mais e mais devagar, até pararem, formando uma pose estática.

- **Encerramento:** em uma roda, converse sobre a experiência procurando destacar a sensibilidade, a percepção do corpo, os sentidos e o cuidado de si.

A FORMIGA DANÇARINA

Tema: partes do corpo, sensibilidade tátil e ações corporais de sacudir, balançar e pontuar.

Participantes: 2 a 8 anos de idade.

Objetivos:
- Reconhecer som, pausa e pulso musical.
- Dançar com partes do corpo isoladamente.
- Vivenciar as ações corporais: sacudir, chacoalhar e pontuar.
- Conhecer alguns elementos da manifestação cultural maranhense do Cacuriá.

Estratégia: musicalização, brinquedos cantados, interação social e improvisação.

Materiais: tambores adaptados de material reciclado.

Sequência didática

> **CONTEXTUALIZANDO:** para essa vivência convidamos um músico percursionista (Diego Amaral) para tocar um instrumento chamado caixa, uma vez que desenvolveríamos uma ação inspirada no Cacuriá maranhense.

- **Chamamento:** peça ao percussionista que toque o tambor em um espaço próximo de onde acontecerá a vivência. Pergunte às crianças que som é aquele e de onde vem. Leve-as ao artista e peça que se sentem em círculo para assistir à apresentação.
- **O despertar:** apresente o músico e conte que o que eles estão ouvindo chama-se Cacuriá, tocado na caixa. Contextualize a manifestação mostrando o mapa do Brasil e onde se

localiza o Maranhão. Conte que a vivência será da formiga e por isso, brincaremos com elementos desse Cacuriá, ensinando a música.

Formiga
(Cacuriá de Dona Teté)
Formiga me mordeu, formiga me mordeu,
Formiga me mordeu no canavial.
Que que tu foi fazer, Que que tu foi buscar
Fui buscar cana pra nós chupar.

DICA: para essa vivência, usamos embalagens de plástico cortadas ao meio para simular os instrumentos musicais, especialmente as de amaciante de roupas de 2 litros.

Distribua "tamborzinhos" para que as crianças toquem com o artista, mediando células e estruturas rítmicas que podem ser "cantadas" como: 1, 2, 3… 1, 2, 1, 2… 1, 1, 2, 2 ou tum, pá, tum, tum, pá… em batidas sequenciais, alternando as mãos.

Depois de experimentar as sequências, sugira que toquem com o percursionista como quiserem, formando uma banda.

CONVERSA DOCENTE: iniciamos o processo instigando a percepção rítmica por meio dos sons tum e pá. Contudo, notamos que os pequenos não estavam percebendo a diferença sonora e tocavam o instrumento conforme desejavam. Decidimos trocar a informação por números, resultando em uma experiência com mais sentido.

- **Experimentação:** peça para que fiquem em pé, guardem os materiais e circulem aleatoriamente pelo espaço, ao som da caixa. Comece a cantar:

Eu sacudi, sacudi, sacudi,
Mas a formiguinha não parava de subir

Indique que sacudam o corpo todo. Agora que a formiga subiu na perna, cante esse mesmo trecho sugerindo que sacudam apenas a perna. Repita com diferentes partes do corpo: braço direito, esquerdo, mão, cabeça, bumbum, língua, entre outros.

Sem pausa, comece a cantar o Cacuriá da formiga estimulando as crianças a "picar"/cutucar/pontuar a si próprias nas várias partes do corpo. Na sequência, "pique" o ar (ação corporal de pontuar), explorando as direções e níveis, e, por fim, em duplas, finja que estão picando o amigo ao mesmo tempo que tentam desviar dele, sem que vire um pega-pega.

- **Finalização:** ao som do toque das caixas, dance com um amigo, como quiser, estimulando a troca de pares.

DICA: o músico ficou conosco durante toda a vivência, entretanto é possível ofertar essa vivência a partir de músicas gravadas, tanto instrumentais como cantadas. Como pretendíamos adaptar a letra de "Fui ao mercado", essa seria a única música que não poderia ser gravada. Contudo, crie como desejar! Outra informação relevante é que essa vivência poderia estar no bloco de artes integradas, uma vez que dialogou com o ritmo e a musicalização. Nessa experiência, o músico mediou a percepção do som, a pausa e o pulso da música.

BRINCANDO COM AS CORES DE PELE

Tema: apoios.
Participantes: 6 a 10 anos de idade.
Objetivos:
- Compreender os apoios e as possibilidades de sustentação do corpo.
- Vivenciar a transferência de peso no nível médio, explorando quatro apoios com movimentos de quadrupedia.
- Reconhecer as diferentes tonalidades de pele.

Estratégia: exploração do movimento e das "cores de pele".
Materiais: passarela de papel branco (16 folhas de papel-cartaz ou cartolina unidas com fita-crepe ou rolo de papel); tinta guache de cores preta, marrom e pêssego; três bandejas ou bacias para despejar a tinta (uma para cada cor); panos umedecidos ou água corrente para retirar o restante de tinta da pele; fita-crepe ou giz branco escolar.

Sequência didática

- **Organização:** delimite o espaço da vivência com duas linhas paralelas (fita-crepe ou giz), com comprimento suficiente para dividir as crianças em dois grupos, de modo que elas possam sentar no chão, uma ao lado da outra, bem acomodadas. O espaço entre as duas linhas deve ser de, pelo menos, três metros de distância. O mediador pode se posicionar no início entre as duas filas para facilitar a visualização pelas crianças.
- **Preparação do corpo:** inicie a atividade com a percepção da postura do corpo na posição sentada, com as pernas estendidas à frente e as mãos no chão para ajudar na susten-

tação da coluna. Mencione os ísquios (osso localizado na zona inferior do quadril que apoia o corpo enquanto estamos sentados), sugerindo que façam um "balancinho" com o corpo para os lados e para a frente e para trás, ou apalpem para sentir esses ossinhos. Em seguida, gire a cabeça para os dois lados bem devagar, com a atenção voltada para a respiração. Com a coluna ereta, gire a articulação do punho para os dois lados, virando também para cima e para baixo. Coloque um dos pés sobre a perna e massageie-o, sentindo os ossos, as articulações e a musculatura da perna.

DICA: enfatize e explique a importância de uma boa organização postural com o alinhamento da coluna.

Pergunte às crianças quais as partes do corpo estão apoiadas no chão. Explique o que são os apoios do corpo, demonstrando e deixando que elas mesmos tentem identificá-los. Em seguida, indique quantidades de apoios para experimentarem, apontando as transferências de peso de uma posição para outra.

- **Experimentando movimentos em quadrupedia:** explique que uma criança por vez se deslocará na diagonal em direção ao final da outra fila realizando movimentos com quatro apoios, utilizando os pés e as mãos de diferentes formas. Lance alguns desafios, como não colocar o bumbum, os cotovelos ou os joelhos no chão e não cair. Dependendo da quantidade de participantes, outras possibilidades de mediação podem ser fazer só uma fila e sair de três em três crianças, ou todas juntas. É importante que elas explorem as possibilidades de deslocamentos com quatro apoios em decúbito ventral, dorsal, com movimentos circulares, grandes e pequenos, lento e rápido, mudando as direções (para a frente, para trás, para os lados) etc. Pode-se usar imagens de animais para facilitar a compreensão e ampliação das ideias, como caranguejo, macaco, elefante, cachorro, entre outros.

- **Passarela da cor:** estenda uma passarela de papel branco entre as filas. Uma criança por vez molha com cuidado os pés e as mãos em uma das tintas e se desloca realizando diversos movimentos em quadrupedia até o final da passarela (solicite que escolham as cores). Ao final da atividade, as crianças podem se lavar ou limpar a tinta com um pano úmido. É interessante incentivá-las a utilizar o máximo da passarela, evitando os lugares que já foram marcados.

CONTEXTUALIZANDO: esta vivência compôs o projeto "Colorindo o movimento". Nele, a dança foi trabalhada em diálogo com outras linguagens, como as artes visuais e a contação de histórias, evidenciando a diversidade etnorracial. A necessidade de trabalhar com a temática surgiu de observações realizadas no cotidiano escolar, em que as crianças reproduziam com muita frequência o nome "lápis cor de pele" para se referir ao lápis de cor rosa-claro e o utilizavam como o "preferido" para colorir os desenhos de pessoas. Assim, trabalhar com o tema das cores foi uma forma interessante de abordar a temática, ampliando a percepção que tinham em relação à diversidade de pessoas e o combate ao racismo.

- **Apreciação:** sugira que olhem atentamente para a passarela que acabaram de pintar, reconhecendo a importância de todos na produção artística. Peça que observem também todos os integrantes do grupo e percebam as diferentes tonalidades de pele. Explique o porquê de termos tantas cores de pele e indique as diferentes tonalidades que surgiram ao misturarem as tintas no papel.

CONVERSA DOCENTE: uma introdução às teorias sociais das relações etnorraciais é apresentada pelo professor dr. Kabengele Munanga no vídeo <https://www.youtube.com/watch?v=7FxJOLf6HCA&t=232s>, no qual ele fundamenta a existência das diferentes tonalidades de pele.

DICA: o uso dos apoios e as transferências de peso são elementos que permeiam as mais variadas formas de dança. Oportunizar vivências nas quais as crianças possam explorar o corpo todo e suas partes com maior profundidade pode favorecer a ampliação das possibilidades de acioná-lo com maior consciência na dança. Na próxima proposta de atividade apresentaremos um exemplo de como os apoios estão presentes na dança e como é possível combiná-los com outros conceitos para dançar.

MARIONETES DANÇANTES

Tema: articulações e apoios.
Participantes: 6 a 10 anos de idade.
Objetivos:
- Compreender articulações e as possibilidades de movimentação do corpo.
- Explorar movimentos nos níveis alto e baixo.
- Participar e interagir com o outro, e apreciá-lo.

Estratégia: exploração do movimento e jogo.
Materiais: marionete (sugestões de confecção: papelão, madeira, argila, massinha de biscuit e outros materiais); som e músicas.

Sequência didática

- **Marionete:** apresente uma marionete às crianças e fale sobre as partes rígidas e articuláveis de nosso corpo. Pergunte o que são articulações e peça que indiquem quais conhecem. Comente sobre as principais articulações que permitem maior amplitude do movimento, sem deixar de mencionar que há muitas outras menos perceptíveis e outras imóveis.
- **Despertar:** em um círculo mais fechado, inicie a atividade com a percepção da postura do corpo na posição em pé com as pernas paralelas, de preferência com os olhos fechados. Peça que se atentem para a respiração e percebam que, ainda que nosso corpo esteja aparentemente imóvel, ele está se movimentando internamente, realizando grande esforço para mantê-lo nessa posição. Recomende que abram os olhos lentamente como se estivessem acordando e comecem a mover lentamente as articulações dos dedos das mãos, depois do punho, do cotovelo, ombro, pescoço, coluna, quadril, joelhos, tornozelo, até os dedinhos dos pés.
- **Brincando de marionete:** sugira que formem duplas e informe que, no primeiro momento, um será a marionete e outro conduzirá, e, no segundo, os papéis serão invertidos. Peça que imaginem que seu corpo está cheio de linhas imaginárias e o colega conduzirá seus movimentos como se fossem marionetes. Incentive a exploração do espaço, dos níveis e das diferentes articulações.

Após terem experimentado a condução do colega, todos serão marionetes independentes. Solicite que dancem pelo espaço movendo as articulações como se ainda estivessem sendo manipulados e, quando a música parar, todos os fios (imaginários) que estão conectados às partes do corpo serão "cortados". Sugira que tentem permanecer no chão do jeito que caíram.

> **DICA:** caso tenham um esqueleto de plástico, a compreensão fica mais palpável; contudo, há vídeos na internet que mostram por dentro do corpo, livros para colorir ou imagem de revista e sites.

- **Explorando os apoios**: relembre o conceito de apoios e peça que percebam quais partes do corpo estão apoiadas no chão. Coloque novamente uma música e solicite que comecem a se movimentar no nível baixo, utilizando todos os apoios possíveis, tais como a cabeça, cotovelo, ombro, joelho e barriga.

Para ampliar a compreensão e a experimentação das diversas possibilidades de apoios, utilize a imagem de um carimbo, sugerindo que se imaginem carimbando o chão com diferentes partes do corpo enquanto dançam. Além disso, pode-se indicar algumas ações corporais para ser exploradas concomitantemente aos apoios, como esticar, encolher, enrolar, girar e rolar. Outra possi-

> **CONTEXTUALIZANDO:** esta vivência foi preparada com a intenção de investigar movimentos do *breaking* (danças de rua), que são realizados nos níveis baixo e médio, chamados de *footwork*. No entanto, é uma proposta que pode ser mediada com outros propósitos, explorando as mais variadas formas de dança e a percepção do próprio corpo e do movimento.

bilidade é trabalhar com sons, marcando um tempo para cada apoio, utilizando instrumentos musicais como pandeiro, tambor ou mesmo as palmas.

- **Roda:** solicite que retornem ao círculo ainda se movimentando no nível baixo e finalizem lentamente, posicionando-se sentados. Sugira que dancem nos níveis baixo e médio, no meio da roda, respeitando as seguintes contagens: quatro tempos para chegar ao centro, oito tempos dançando com ênfase nas articulações e quatro tempos para retornar ao lugar. Outras sugestões são dizer para as próprias crianças indicarem a quantidade de apoios que o colega que está dançando no centro deve explorar ou manipular a marionete para eles tentarem copiar os movimentos.

> **DICA:** mesmo que o *breaking* seja uma forma de dança com movimentos codificados, favorecer a exploração das possibilidades de movimentos de forma lúdica e diversificada facilita a apreensão gestual pelas crianças. É importante que descubram seu próprio ritmo de movimentar sem uma cobrança técnica exagerada. Uma sugestão para a continuidade da atividade é pedir que componham pequenas coreografias com os movimentos que descobriram e socializem com os colegas, destacando-os como sujeitos intérpretes-criadores da própria dança.

Lembre de orientá-los a permanecer sempre atentos às formas como seus colegas criam seus movimentos.

- **Troca de experiências:** proponha que falem quais movimentos mais gostaram de experimentar e se perceberam as combinações entre o uso dos apoios e das articulações e as ações corporais que foram sugeridas.

> **CONVERSA DOCENTE:** se você não conhece ou tem pouco domínio em determinada forma de dança e quer trabalhá-la com as crianças, apresente vídeos, imagens, pessoas convidadas ou, se possível, leve as crianças para conhecer essa manifestação cultural, pois, independentemente da abordagem em dança, a proposta deve ser contextualizada e não apenas uma reprodução de vídeos da internet.

FLUTUANDO LEVEMENTE

Tema: peso leve e ação corporal de flutuar.

Participantes: 3 a 9 anos de idade.

Objetivos:

- Compreender e vivenciar a qualidade de movimento leve.

Materiais: brinquedos para fazer bolhas de sabão, aparelho de TV e DVD e vídeo.

Sequência didática

- **Chamamento:** assoprando bolhas de sabão, busque as crianças com a intenção de aguçar para uma das possibilidades do peso leve e da ação de flutuar. Reúna-as em círculo e comente que terão uma atividade diferente, reiterando a importância de não mexer nos materiais dispostos pelo espaço.
- **Apreciação:** no local da vivência, exiba um trecho do espetáculo de balé "A Bela Adormecida", que utiliza movimentações em peso leve, para que as crianças compreendam e visualizem esse elemento da dança e como ele se materializa no corpo. Ao final da exibição, converse sobre as impressões, ouça comentários e pergunte o que conhecem que seja leve. Ajude com exemplos como pássaros, folhas ao vento e nuvens.

- **Vivência:** com as crianças em roda, dance para elas dialogando com as bolhas de sabão assopradas por algum auxiliar ou ajudante, demonstrando ações cheias de leveza, tal como o objeto remete.
- **Experiência dançante:** tendo conhecido o peso leve em situações diferentes e, com base na demonstração, diga que é hora de elas experimentarem tal qualidade de movimento. Deite-as e distribua-as homogeneamente pelo espaço, e ouça atentamente uma música com sons da natureza, especialmente de canto de pássaros, ao mesmo tempo da recitação do poema "Leveza", de Cecília Meireles. Sugira que, ao som da música e da poesia, comecem a se movimentar lentamente, como se fossem nuvens, sombras, ventos ou pássaros. Indique que essa dança deixe o chão e suavemente chegue ao pé. Assopre bolhas de sabão pedindo que os movimentos dialoguem com elas. Mantenha a vivência até as crianças começarem a estourar as bolhas e se desconectarem da dança. Oportunize que brinquem com o material e experimentem fazer suas próprias bolhas, controlando a respiração e a força do assoprar.

> **DICA:** para que o conceito de peso leve não ficasse muito abstrato, trabalhamos, anteriormente, com bexigas, realizando a Vivência 12, do livro Que dança é essa? – Uma proposta para a educação infantil (Almeida, 2016), relacionando a cor azul com nuvens. Ademais, levamos *medicine balls* de 1 kg para as crianças experimentarem a oposição dos pesos.

MONTANHAS E LAMAS: O MOVIMENTO RESISTIDO

Tema: peso firme, eixos e equilíbrio.
Participantes: 3 a 8 anos de idade.
Objetivos:
- Compreender e vivenciar a qualidade de movimento utilizando o peso firme.
- Experimentar e compreender a organização corporal por meio do equilíbrio.
- Realizar um alongamento para sensibilizar os eixos.

Materiais: bolas, aparelho de TV e DVD e vídeo.

Sequência didática

- **Chamamento:** com *medicine balls* de 1 kg, que podem representar o elemento pesado, busque as crianças, brincando de jogar a bola umas nas outras e convidando-as a entrar no jogo. Traga o conceito de pesado e dirija-se ao espaço da vivência.
- **Apreciação:** primeiramente, as crianças estarão dispostas em uma grande roda e, para relembrar o elemento pesado, a bola passará de mão em mão. Almejando relacionar com o tema do jardim, peça que cada uma diga o nome de duas frutas de que mais gostam enquanto manipula a bola nas mãos. Depois desse momento, será exibido o vídeo "O pomar", do Palavra Cantada, que ajudará as crianças a ampliar seu repertório em relação às frutas.
- **Preparação:** pergunte o que é necessário para que possamos plantar um pomar. Cada elemento dito pelas crianças será sistematizado com algum tipo de movimentação – pegar a "semente" no pé, preparar a terra ao lado do quadril –,

sempre com ações de flexão, extensão e torção, que sirvam para alongar o corpo. Tal alongamento se dará por meio da imitação.

- **Equilíbrio:** depois de terem aquecido o corpo e sido inspirados pelo vídeo, fale que, com o pomar plantado, ele irá germinar e ficará repleto de árvores que serão formadas pelo nosso corpo. Sugira que desenrolem a coluna, atingindo o nível alto, como se as árvores estivessem crescendo. Nesse momento, incentive a elaboração de uma pose em equilíbrio estático, a partir da imagem de uma árvore.

Os nomes das árvores que eles conheceram no vídeo serão os comandos para que troquem as poses. A cada troca, o tempo de permanência no equilibro irá aumentar, indo de dois a oito tempos. Para acrescentar um grau de dificuldade, as poses das árvores poderão ser feitas com um pé fora do chão, para estimulá-los a se concentrar ainda mais e buscar o equilíbrio.

Depois de terem explorado os equilíbrios, retome o peso firme e pesado. Peça que imaginem que nossos pés (raízes) estão cobertos por lama e que agora teremos de fazer muita força para empurrá-la. Isso acontecerá por meio de comandos: 1) quando dissermos "lama", eles irão se deslocar pelo espaço, "empurrando o ar", tendo como foco os membros inferiores; 2) ao som da palavra "montanha", irão se imaginar empurrando uma montanha bem grande que está na frente deles, ou seja, trabalharemos os membros superiores e o tronco.

- **Experiência dançante:** para finalizar, assista a um vídeo de danças de rua (*hip hop dance*, por exemplo) que tenha como elemento movimentações firmes e fortes. Em seguida, sugira às crianças que, inspiradas nesse tipo de movimento, que exige força e firmeza, dancem sua própria dança usando tais elementos. Para estimulá-las, coloque uma música mais agitada e de pulso bem marcante, de maneira que as ajude a encontrar esse lugar de força na movimentação.

2
Movimento e ações corporais

Crianças são seres corpóreos por excelência. Apreendem seu entorno por meio do movimento, dos sentidos, das emoções, das diferentes linguagens e de tantos outros elementos (Sayão, 2002). Nesse sentido, as crianças necessitam se apropriar de sua movimentação, explorando-a e recriando-a. Contudo, em muitos casos, o movimento é determinado pelo adulto, que estabelece onde, quando e como elas devem ficar e se mover.

Segundo Sayão (2002, p. 58) a cultura "adultocêntrica" a qual vivemos

> leva-nos a uma espécie de esquecimento do tempo de infância. Esquecemos gradativamente como, enquanto crianças, construímos um sistema de comunicação com o meio social que, necessariamente, integra o movimento como expressão. Com este esquecimento, passamos, então, a cobrar das crianças uma postura de seriedade, imobilidade e linearidade, matando pouco a pouco aquilo que elas possuem de mais autêntico – sua espontaneidade, criatividade, ousadia, sensibilidade e capacidade de multiplicar linguagens que são expressas em seus gestos e movimentos.

Com base em tais aspectos, é interessante que a dança permeie o cotidiano educacional, favorecendo que as crianças tenham suas próprias experiências de movimento, que investiguem as possibilidades de ação no tempo/espaço e sobre os objetos e que expandam sua biblioteca gestual.

Desse modo, os movimentos ou as ações corporais – todo ato do corpo; acontecimento físico, intelectual e emocional que produz alteração na posição corporal ou de partes, que dura um tempo, dialoga com o espaço e emprega algum peso (Lima, 2009a) – são um dos conteúdos específicos da dança. Andar, girar, saltar, parar, torcer, rolar, expandir, encolher e outras combinações precisam ser altamente diversificadas na infância.

Segundo Bonamin (2007), um possível procedimento didático em dança que atende a tais aspirações é a utilização de imagens da natureza, associadas ao movimento. Assim, a criança poderá recorrer ao seu mundo imagético, construído diariamente pelas coisas que vê, percebe e sente, relacionando-o com as ações corporais. Os animais são excelentes exemplos para proporcionar diferentes organizações do corpo no movimento.

Nossas experiências, nos diversos projetos de pesquisa, extensão e atuação profissional, encontraram com essas percepções. De fato, notamos um encantamento das crianças pelos elementos da natureza. São nítidos o prazer e a alegria com que se envolvem com esse tema e como ele pode favorecer uma abordagem em dança, mesmo trabalhando com uma forma específica dessa linguagem, como as danças de rua ou o balé.

Contudo, destacamos que o movimento em si não é dança, mas seu estudo combinado à expressividade, criatividade e intencionalidade por meio de composições e improvisações. Em especial, a improvisação pode ser uma estratégia privilegiada para facilitar a descoberta de movimentos, descristalizando modelos, padrões e corpos enrijecidos, além de poder tornar-se parte do processo criativo e oportunizar a interação entre os participantes (Santinho e Oliveira, 2016).

Uma ação corporal pouco instigada no ambiente educacional é o parar. A pausa também é movimento: é tônus, equilíbrio, concentração, circulação, respiração e pulsação. Destinamos poucos momentos ao aquietar-se, ao parar para ver, ouvir e fazer, à escuta do próprio corpo. Frequentemente somos tomados pela agitação dos pequenos e desvalorizamos atitudes contemplatórias, tão importantes para nossas (re)organizações corporais, gestuais, sensoriais, emocionais, de pensamento, entre outras.

Sendo assim, buscamos priorizar todos os aspectos acima comentados nas sequências didáticas a seguir.

O DESENROLAR ENROLADO DO CARACOL

Tema: Partes do corpo e corpo todo.
Participantes: 2 a 10 anos de idade.
Objetivos:
- Vivenciar as ações corporais de enrolar, desenrolar e rolar.
- Explorar as possibilidades de enrolar e desenrolar com as partes do corpo e com ele todo.
- Experimentar variados rolamentos.
- Dançar compondo com as ações corporais dessa vivência.

Estratégias: elementos da ciranda e das quadrilhas juninas, circuito de estações e improvisação.
Materiais: mangueira sanfonada (conduíte), aparelho de som, imagem de um caracol, colchonetes e lençol de solteiro.

Sequência didática

- **Chamamento:** toque o "sopro dos ventos" para chamar a atenção das crianças, reúna-as e explique-lhes a dinâmica do dia.

> **CONTEXTUALIZANDO:** o "sopro dos ventos" foi realizado com um conduíte de 1 metro de comprimento. Para que o som saia, basta girar o objeto e usufruir de sua qualidade sonora única.

- **O despertar:** ao som da música "A ciranda do anel", de Bia Bedran (cantada por todos e tocada no aparelho de som), entre no espaço da vivência em um grande caracol, inspirado na quadrilha junina. "Caracole e desencaracole", até formar uma ciranda. Cirande um pouco, pare, sente-se e peça para tentarem adivinhar que animal será abordado no dia e por que chegaram àquela conclusão. Mostre a figura do caracol e conte que serão enfatizadas as ações corporais de enrolar e desenrolar e o rolar.

> **CONVERSA DOCENTE:** cirandamos em torno de uma árvore no pátio da escola. Entretanto, no caso de sua ausência, é possível utilizar outras referências para o centro, não só para os aspectos espaciais, mas integradores, de constituição de grupo. Ademais, fizemos uma menção à quadrilha em virtude da preparação para a festa junina, procurando estabelecer uma relação de cooperação com o contexto.

> **DICA:** para aprofundar, sugerimos a leitura de "Manifestações populares e a educação: entre o dito e o não dito" (Figueiredo, 2012).

- **Experimentação:** ao som da música "Tudo que enrola desenrola", de Rubinho do Vale, e ainda em roda, enrole e desenrole um braço, o outro, os dois juntos. Ensine a enrolar e desenrolar a coluna, sentado e depois em pé.

> *Tudo que enrola desenrola*
> *Tudo que embola desembola*
> *Se a bola enrola, desenrolará*
> *Se a bola embola, desembolará*

- **Circuito lúdico:** passe por estações explorando as várias possibilidades de rolamentos:

Estação 1: rolamento lateral na "máquina de panqueca".
Estação 2: rolamento bolinha de "tatu-bola".
Estação 3: rolamento para a frente – "cambalhota".
Estação 4: rolamento estrela-bolinha.
Estação 5: inventar um jeito de rolar.

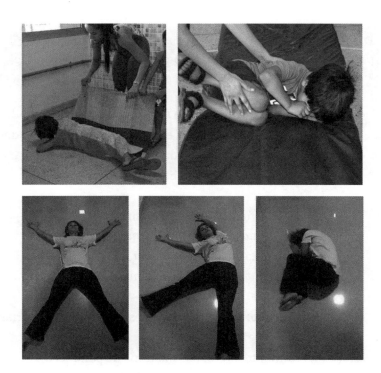

Estações 1, 2 e 4, respectivamente.

- **Combinação**: crie uma sequência de movimentos dançados utilizando as ações corporais dessa atividade, para as crianças imitarem. Em seguida, sugira que cada um dance de seu jeito, utilizando e criando rolamentos e o enrolar e desenrolar.

ESTAÇÕES DAS CORES

Tema: ações corporais: dobrar, esticar, torcer e girar.
Participantes: 2 a 10 anos.
Objetivos:
- Instigar a ampliação da percepção por meio da visão.

- Favorecer a expansão do repertório de movimentos através do improviso.
- Combinar diferentes ações corporais para dançar.

Estratégias: imitação e jogo de improvisação.

Materiais: cartolinas de diferentes cores para confeccionar os símbolos selecionados (neste caso, desenhamos uma flor azul, uma folha verde e uma semente marrom).

Sequência didática

- **Chamamento**: brinque com fitas de ginástica rítmica para chamar a atenção das crianças e convidá-las a participar da atividade. Reúna-as, explique o conceito de ações corporais e desvende junto com elas as ações corporais que somos capazes de realizar.

> **CONTEXTUALIZANDO:** o chamamento pode ser realizado de diversas maneiras. Fizemos com fitas de ginástica rítmica, pois as utilizamos no encontro anterior e notamos quanto as crianças se encantaram e se divertiram com o objeto. Esse material foi adaptado para facilitar o manuseio, contendo 1 metro de comprimento por 2 centímetros de largura, em cetim e preso a um palito de *hashi*.

Brinque de semente e flor, uma adaptação do jogo vivo/morto, na qual, quando o professor fala vivo (flor), a criança se levanta e, ao dizer morto (semente), ela se agacha. Utilize essa vivência para começar a experimentar a ação corporal de "dobrar e esticar" os membros do corpo.

- **O desabrochar:** relembre as ações corporais que existem, destacando as que já experimentamos em outras vivências. Ao som de uma música, imite o mediador dançando, combinando diferentes ações corporais: encolher, expandir, saltar, girar, balançar, torcer, entre tantas outras possibilidades.
- **Estação das cores:** designe três elementos da natureza para desenvolver os códigos visuais – a semente, a folha e a flor –, desenhados em cartolinas coloridas. Cada imagem representa uma ação corporal: semente marrom, girar; folha verde, espiralar ou torcer; e flor azul, dobrar e esticar as partes do corpo. Incentive as crianças a pesquisar e descobrir diferentes possibilidades para cada movimento.

DICA: nessa vivência utilizamos a música "Estica dobra", do grupo musical Palavra Cantada. A mesma também pode ser modificada para se adequar às necessidades do professor e/ou das crianças.

- **Combinação:** mostre duas figuras e depois as três ao mesmo tempo, para que os participantes dancem compondo com as ações solicitadas.

CONVERSA DE DOCENTE: esse encontro pode ser realizado com crianças de diferentes idades, desde menores a maiores, adaptando-o em função dos interesses de cada grupo. Existe a possibilidade de alterar as imagens e as músicas ou trocar o desenho por cartões com cores.

AMARELINHA

Tema: ações corporais.
Participantes: a partir de 6 anos.
Objetivos:
- Conhecer um dos grupos de movimentos do *breaking*.
- Explorar movimentos no nível alto com as ações corporais de transferir peso, deslocar, saltar, girar, pontuar e chutar.
- Coreografar com o outro e compartilhar as experiências na roda.

Estratégia: jogos de amarelinha.

Materiais: TV ou notebook; vídeos de *breaking* ou apresentação presencial; giz branco escolar, fita-crepe ou EVAs coloridos; som e músicas.

Sequência didática

- Organização: desenhe diferentes amarelinhas (com giz ou fita-crepe) ou utilize EVAs coloridos para compô-las. A quantidade de amarelinhas dependerá da quantidade de crianças – pode-se também dividir o grupo em duos ou trios em cada amarelinha. É importante que haja muitas possibilidades para não ficarem ociosas esperando a vez de brincar.

CONTEXTUALIZANDO: esta vivência compôs o projeto Colorindo o movimento. Posteriormente, as amarelinhas foram utilizadas para trabalhar outros grupos de movimento do *breaking*, como o *footwork* no nível baixo e médio, ampliando as possibilidades de exploração do jogo, de outras ações corporais e do espaço.

- **Apreciação:** comente sobre o *breaking* e explique seus níveis. Dance para as crianças ou apresente um vídeo dessa possibilidade de dança, enfatizado as ações corporais que são realizadas pelos dançarinos apenas quando estão no nível alto, como: transferir peso, deslocar, saltar, girar, chutar e socar.
- **Amarelinhas:** pergunte se conhecem o jogo da amarelinha e como costumam brincar. Apresente outros formatos e deixe que explorem as amarelinhas de forma livre. Na sequência, estimule-os a utilizar as ações corporais que foram elencadas no *breaking* brincando com as amarelinhas de maneiras não convencionais (como estabelecer outra ordem para pular, deslocar-se alternando saltos com giros ou até só poder dançar pisando nas linhas).

Peça que escolham de três a cinco movimentos que mais gostaram de realizar, componha uma sequência e repita-a algumas vezes para memorizar. Solicite que repitam a sequência fora da amarelinha e, quando a tiverem decorado, sugira que se organizem em duplas, ensinando um ao outro, compondo, dessa forma, uma nova sequência de movimentos.

- **No ritmo da roda:** a dupla apresenta aos colegas seus movimentos no centro da roda e, quando terminar, escolhe a próxima dupla. O jogo não precisa terminar quando todos se apresentarem; estimule-os a improvisar outros movimentos que os investigaram – podem ir ao centro da roda em solos, duos, trios, aproveitando a empolgação do momento para deixar fluir a criatividade. Ademais, incentive-os a demonstrar animação enquanto os colegas estão dançando, batendo palmas, fazendo barulho, encorajando ou provocando.

KRUMP

Tema: ações corporais de socar e chutar.
Participantes: a partir dos 9 anos.
Objetivos:
- Vivenciar movimentações firmes e diretas, especialmente uma variedade de possibilidade para o socar e o chutar.
- Experimentar um impulso interno conhecido nas danças de rua por *feeling*.
- Aprimorar a expressão facial e corporal.
- Oportunizar que os participantes entrem em contato com o *krump*.

Estratégias: imitação, interação e improvisação.
Materiais: aparelho de som e músicas.

Sequência didática

- **Roda de apresentações:** sentados em roda no meio da sala, pergunte os respectivos nomes e idades. Apresente a proposta de vivência em dança do dia e identifique se os participantes conhecem o *krump*. Realize acordos e combinados com regras que possibilitem que a experiência transcorra bem.

> **CONVERSA DOCENTE:** estabelecer acordos com os participantes é fundamental, independentemente da faixa etária, pois cria uma relação de respeito e cuidado com o outro e com os materiais utilizados na atividade. É relevante, quando for realizar as ações de socar e chutar, pedir para tomarem cuidado para não acertar o colega; a intenção é apenas de simular essas ações.

CONTEXTUALIZANDO: o *krump* surgiu em Los Angeles (EUA) na década de 1990. Altamente expressiva, essa manifestação geralmente é apresentada em competições (batalhas). Sua característica é ser não violenta, apesar de as movimentações velozes aparentarem agressividade e incluírem contato físico, lembrando uma luta real.
Abordar tal assunto pode contribuir com discussões sobre racismo, violência e pobreza.
Para maior orientação, seguem alguns links que podem auxiliá-lo na compreensão dessa linguagem:
1. Se liga na dança/ krump é hip hop dance?
   https://www.youtube.com/watch?v=ScxEvqFyGnE
2. Krump is not dead
   https://www.youtube.com/watch?v=qQUpIVul-ow
3. It's time/ Maddhatta & Streetnoize/ krump 2014, como uma indicação de música
   https://www.youtube.com/watch?v=Cvn7VW6WV4E

- **Coletivização**: solicite que todos se distribuam pela sala, se posicionem de frente ao espelho e se olhem de cima a baixo, buscando um mapeamento detalhando do corpo e da identidade de si. Sugira que busquem por uma expressão facial de enfrentamento, como se chamassem alguém para uma "disputa"; uma tensão de uma possível fúria. Em seguida, deixe que essa expressividade se estenda para todo o corpo, sem uma condução específica por um modelo ou movimento ideal.

DICA: caso seu espaço não tenha espelho, você pode pedir aos participantes que fechem os olhos e busquem "tirar uma foto de si", percebendo ali como está a postura, o cabelo, a cor de pele, cor dos olhos, que expressão tem no rosto. Sugira que façam um mapa detalhado do corpo.

Caminhe pelo espaço, observando os colegas com suas expressões de fúria e indicando que se concentrem para não rir. Apresente o *feeling*, explicando que todos precisam dele para que essa dança fique expressiva e significativa e esclarecendo que ele é a base (preparação) para o fluir dos movimentos.

> **CONCEITUANDO:** *feeling* é a capacidade de vivenciar uma situação, uma sensibilidade, um sentimento expressado no ato de dançar. Durante a vivência é importante esclarecer aos participantes que não copiem do colega, pois o *feeling* é particular, uma vez que cada corpo se move com ritmos, formas e organizações musculares diferenciadas. Ademais, cada estilo de danças de rua possui um *feeling* específico.

Pare novamente em um local do espaço e experimente o socar, de cima para baixo, de baixo para cima, de lado, cruzado e para trás; explore a diversidade dessa ação corporal, pedindo que tragam o peso firme e continuem com a expressão facial.

Repita com chutes e sugira, depois de um tempo, que combinem as duas ações: socar e chutar, podendo acrescentar joelhadas e cotoveladas, com bastante precisão. Experimente os movimentos pesquisados anteriormente, em duplas, frente a frente, incluindo o desviar, buscando uma distância que não permitam se tocarem. O princípio é a não agressão.

Solicite que caminhem pelo espaço e na sequência formem uma roda de improvisação. Nesse momento, explique o significado das batalhas para as danças de rua e sugira que quem se sentir à vontade pode entrar com um colega e dançar utilizando as movimentações vivenciadas.

Quando a energia estiver reduzindo, solicite que respirem profundamente e sacudam os braços e as pernas, deixando-os bem moles e relaxados.

> **DICA:** caso seja possível, é interessante realizar a maior parte da vivência em roda, explicando que nas ruas o *krump* acontece nessa formação, na qual os dançarinos buscam se "enfrentar" para ver quem dança melhor e conhece as movimentações.
> Também é comum que os participantes batam palmas e digam "bora lá", "arrasa", "manda ver", como forma de motivar e manter a energia em alta, tanto de quem está dentro como de quem está fora da roda.
> Por fim, sempre haverá participantes com vergonha e resistência para entrar na roda. Para isso, sugerirmos que na primeira vez o professor entre junto e, depois, um colega mais próximo, gerando um sentimento de segurança.

- **Encerramento**: com as crianças sentadas em roda, conduza uma massagem individual, enquanto pede que elas relatem as sensações, afinidades e animosidades referentes ao que acabaram de vivenciar.

> **DICA:** outra maneira significativa de finalizar a experiência é tirar uma foto do grupo com uma pose referente à movimentação trabalhada, como muita atitude e expressividade. Além de dialogar com o universo das tecnologias, tão presente na contemporaneidade, a imagem pode ser usada para ajudar a fixar a expressão facial junto ao movimento, tão peculiar a essa dança.

ANIMAL NA FLORESTA

Tema: ações corporais: deslocar, parar, saltar, girar, torcer, transferir peso, gesticular, encolher, esticar, cair, inclinar, se movimentar, engatinhar, sentar, arrastar, dobrar.

Participantes: 2 a 10 anos.

Objetivos:
- Explorar as diferentes possibilidades de movimentação e combinação das ações corporais em forma de dança.

- Vivenciar os diversos apoios, transferências de peso e os eixos corporais.
- Ampliar a autonomia e a criatividade.

Estratégias: imitação, faz de conta e composição em dança.

Materiais: colchonetes, bambolês, bolas, fitas de cetim, recortes de EVA, vídeos e imagem de animais, som.

Sequência didática

- **Para início de conversa:** receba as crianças e converse sobre os animais de que mais gostam e suas principais características. Conte que a vivência do dia será inspirada na movimentação desses e de outros animais e como essas ações podem virar dança.
- **O despertar:** sugira que todos deitem, se acomodem, fechem os olhos, sintam seu corpo e imaginem uma grande floresta, com árvores, rios, flores e muitos animais. Enquanto os participantes continuam de olhos fechados, prepare o espaço com alguns materiais como colchonetes, bambolês, bolas, fitas de cetim e recortes de EVA para ambientar a proposta. Em seguida, conte uma história que pode ser criada naquele momento e com a participação das próprias crianças, solicitando que elas imitem os personagens que forem surgindo. Peça que utilizem os materiais dispostos pela sala – saltem dentro dos bambolês, rastejem nos colchonetes ou desloquem-se como se fosse o rio, por exemplo. Nossa história começou assim:

> *Era uma vez uma floresta encantada cheia de árvores, flores e rios. Nela existiam vários pássaros que voavam bem alto e tão levemente que pareciam dançar no céu.*

Enquanto eles voavam, avistaram os jacarés nadando dentro do rio, ondulando e rastejando. Esses jacarés eram muito amigos dos leões, que adoravam brincar. Eles brincavam em duplas, em trios.

Continue até onde a imaginação puder alcançar, explorando as mais diversas ações corporais, os níveis, os apoios e as transferências de peso.

- **Uma floresta dançante:** a partir da movimentação explorada na história, componha uma dança sequenciando as ações corporais – por exemplo, comece encolhido como tatu-bola; desenrole na horizontal, estendendo o corpo no chão como um peixe; ondule e rasteje como o jacaré; transfira o peso como um cachorro; desenrole verticalmente e expandindo como uma girafa e assim por diante –, criando uma sequência coreográfica e acompanhando uma música. Repita algumas vezes para memorizar.

- **Despedida:** pare, respire fundo, caminhe pelo espaço aleatoriamente e diminua o andar até parar novamente. Olhe o espaço se despedindo da grande floresta. Respire profundamente mais uma vez, feche os olhos e retorne à realidade. Converse com os participantes sobre suas percepções.

> **DICA:** no projeto desenvolvido utilizamos a canção "Leãozinho", do Caetano Veloso; entretanto, você pode buscar outras opções. Pode-se pesquisar outras músicas de animais nem tão usuais e até instrumentais mais animadas, como algumas do grupo de música infantil Palavra Cantada, Grupo Triii, Bia Bedran, entre outros.

JOGO COREOGRÁFICO

Tema: ações corporais: deslocar, parar, saltar, girar, torcer, transferir peso, gesticular, encolher, esticar, cair, inclinar, movimentar-se, engatinhar, sentar, arrastar, dobrar, socar e chutar.

Participantes: a partir dos 6 anos.

Objetivos:
- Conhecer e vivenciar o jogo coreográfico.
- Explorar as ações corporais, combinando-as em forma de dança e utilizando todo o espaço da cena.
- Participar, apreciar e interagir com o outro.

Estratégia: dramatização e improvisação.

Materiais: caixa do faz de conta (com fantasias, máscaras, panos etc.); giz branco escolar ou fita-crepe; som e músicas.

Sequência didática

- **Organização:** delimite o espaço em formato de círculo com giz ou fita-crepe. Nos cantos, espalhe ou pendure fantasias, máscaras, acessórios diversos, panos, calçados e o que mais a instituição, o professor ou as crianças tiverem.

> **DICA:** para essa vivência, você pode acessar os materiais doados à escola, pegar emprestado no armário de personagens do teatro, pedir que cada criança leve três peças de fantasias diferentes, utilizar materiais alternativos, customizar roupas velhas e retalhos de pano, entre outras possibilidades.
> Uma vez organizamos os materiais como se fosse um brechó, outras vezes ficaram em malas, caixas. É só dar asas à imaginação.

Ao som de uma música cinematográfica, receba as crianças pedindo que circulem pelo espaço apenas olhando os objetos. Na sequência, sugira que imaginem um personagem a partir das peças e que se vistam definindo um nome. A partir de então, as crianças serão identificadas pelo personagem escolhido.

Solicite que todos sentem do lado externo do círculo, ou seja, da cena, e, então, apresente a proposta do jogo coreográfico.

Coletivamente, decida as regras – por exemplo, só pode entrar no espaço interno do círculo quando for chamado e responder aos comandos do "coreógrafo"; evitar ruídos, para que todos possam ouvir as indicações etc. As informações dadas pelo coreógrafo podem ser: saltar, rolar, girar, ondular ou combinar duas ou três ações; emitir sons; fazer movimentos cotidianos; dançar em algum nível específico; explorar diferentes formas de caminhar pelo espaço; imitar o outro; pausar o movimento, entre outras tantas possibilidades que devem ser explicadas e acordadas antes do início do jogo para que os jogadores não fiquem confusos.

- **Dança em ação:** o jogador-coreógrafo indica um ou mais personagens para entrar em cena. Os jogadores não podem fazer nenhum movimento até que seja solicitado e só podem trocar de movimento quando o coreógrafo indicar. O coreógrafo também pode dizer que dancem livres pelo espaço e chamar quantos personagens forem precisos para compor uma cena. É interessante que haja uma dinamicidade de troca de personagens e de movimentos para que todos possam participar e também observar os outros em cena, alargando suas potencialidades criativas de combinações de movimentos e de apreciação estética.

- **Dança em conversa:** dialogue sobre a experiência de assistir, ser assistido e do jogo como um todo. Tente elencar o que poderia ser mais explorado, o que aprenderam, quais as dificuldades e o que mais gostaram de fazer.

> **CONCEITUANDO:** o jogo coreográfico é uma proposta de exercício cênico concebida por Tourinho (2007) e adaptada nesta proposta de atividade com crianças. O jogo em si é lúdico, sério e divertido, além de envolver todos os participantes no mesmo momento. Trata-se do "ato de coreografar e ser coreografado, uma proposta pedagógica que envolve pressupostos e fundamentos estruturados a partir do diálogo, da concretização dos acasos, da tentativa de vivenciar o tempo presente – o aqui e agora" (Tourinho, 2007, p. 1).
> Tal jogo pode tanto ser uma estratégia para relembrar os conceitos da dança experienciados em aulas anteriores como ser trabalhado processualmente com base em temas específicos, como animais: quando disser girafa, devem dançar no nível alto; macaco, no nível médio e cobra, no baixo.
> Pode-se começar a mediar a proposta pelo interesse das crianças em explorar determinado tema e, a partir dele, alargar as potencialidades criativas dos pequenos. Outra sugestão é trocar o coreógrafo e deixá-los comandar a cena.

3
Espaço

Nossa formação positivista e fragmentada nos faz conceber corpo, movimento, espaço e tempo como aspectos dissociados; entretanto, não o são. Especificamente, corpo e espaço são categorias unas que se alongam e contaminam reciprocamente.

Há múltiplos espaços dentro e fora do corpo e, a partir de sua movimentação, damos mobilidades às formas e às geometrias, além de produzir, incessantemente, novos espaços (Bastos, 2015).

O espaço não é vazio; é vivo, mutável, carregado de memória e história, (re)construído e (re)significado constantemente, em particular pela arte. Ele pode ter muitas dimensões e elementos que se estendem para além de uma visão matemática. Uma experiência sensorial de direções, profundidades, planos, níveis, formas, distâncias, lados, posições e possibilidades de relações humanas.

Nesse sentido, "o espaço é o elemento no qual se corporifica a dança" (Godoy, 2011, p. 23); ponto de atenção das composições cênicas e da comunicação com a plateia.

Com isso, com a complexidade que envolve corpo, espaço, sociedade, dança e comunicação, empreendemos um cuidado singular com tal aspecto em nossa docência com as crianças, principalmente ao concebê-lo como um ambiente cultural. Desse modo, buscamos oferecer o contato com diferentes formas de explorar o espaço, bem como com a experiência da cultura. Ao vivenciarmos o cacuriá, o coco alagoano, o *breaking* ou a ciranda, contextualizávamos as manifestações geográfica e socialmente. Havia mapas, vídeos, imagens, livros e conversas relacionados à identidade, para a ampliação das relações consigo mesmo, com o outro e com o meio.

Outro aspecto de destaque reside no planejamento dos espaços de vivência da dança, que muitas vezes não acontecem em uma sala preparada para tal. A maior parte de nossas experiências acontece em uma quadra, um pátio, no *hall* de entrada ou na sala do berçário, recheada de brinquedos que provocavam o interesse dos pequenos. Com isso, o início de cada projeto precisa ser bem estruturado para favorecer uma organização, adaptação e ressignificação desse local. Um velho lugar com uma nova função!

Essas mudanças precisam de tempo, insistência, paciência e sistematização, pois num primeiro descuido todos "escapam" para o "pula-pula". Nesse sentido, desenhávamos círculos e linhas com fita-crepe, utilizamos decorações/imagens do tema proposto confeccionadas em cartolina, EVA ou papel sulfite, na tentativa de ambientar as vivências em dança.

Por fim, compartilhamos que, a partir de um processo que explorou intensamente as possibilidades espaciais de maneira autônoma, as crianças escolheram os locais onde dançariam nas apresentações, inclusive alternando os desenhos coreográficos para que todos experienciassem dançar "na frente"; além de abdicarmos das marcas no chão para elas se orientarem. Uma aposta nas inteligências criativas e nas capacidades de decisão e de compreensão dos pequenos!

> **DICA:** para aprofundar as reflexões sobre espaço e dança, leia *Corpo e cidade: moveres entre aproximações e distanciamentos* (Bastos, 2015).

RECONHECENDO O ESPAÇO

Tema: espaço geral e pessoal (cinesfera).
Participantes: 2 a 9 anos.
Objetivos:
- Reconhecer a diferença e fomentar o respeito pela diversidade.
- Dialogar sobre o processo de metamorfose da lagarta.
- Identificar espaço geral e pessoal de movimento (cinesfera).
- Participar de uma distribuição homogênea pelo espaço, evitando permanecer muito próximos uns dos outros.
- Vivenciar as ações corporais de ondular, abrir e fechar.

Estratégias: faz de conta, improvisação e exploração.
Materiais: sino, fita-crepe, imagens, livro e tecidos leves.

Sequência didática
- **Organização:** desenhar com fita-crepe ou giz de lousa uma gigantesca asa de borboleta no chão com suas pintinhas.

- **Chamamento – O sino dos ventos:** ao buscar as crianças para a vivência, toque um sino ou guizos com sons mais suaves. Aguarde que se aproximem e diga: "Esse é o mensageiro dos ventos. Toda vez que ele toca [acione o sino novamente], é porque o vento está nos mandando um recado". Toque mais uma vez e sugira que as crianças sigam o som. Chegando ao local da atividade, peça que as crianças se sentem em cima das linhas de fita-crepe colocadas no chão. Ali haverá um cenário com flores coloridas de cartolina, EVA ou papel sulfite, presas na parede. Conte a história "A primavera da lagarta", de Ruth Rocha.

> **CONTEXTUALIZANDO:** notamos que as crianças ficavam brincando no pátio todas as vezes que íamos buscá-las. Para evitar que ficássemos gritando, chamando insistentemente, pedindo para guardar os brinquedos ou descer dos lugares, estabelecemos alguns códigos para provocar o interesse delas por nós e pela atividade de dança. Percebemos que a estratégia, para aquele contexto, foi interessante e, a partir disso, passamos a elaborar sempre uma intervenção diferente para motivá-las. Uma vez chegamos girando bambolês; em outra, assoprando cataventos, tocando sinos, fazendo bolhas de sabão ou jogando bolas, sempre associando o gesto ao tema da vivência do dia. Em especial, o sino nos acompanhou durante todo o projeto, ajudando-nos quando queríamos falar durante a atividade.

Pergunte quais animais apareceram na história e, enquanto falam, anote os nomes. Questione também por que os personagens estavam bravos, no que a lagarta havia se transformado e se conheciam essa transformação. Mostre imagens da metamorfose.

Continue indagando sobre o movimento de voo das borboletas e solicite que as crianças mostrem tais ações. Sugira que se distribuam pelo espaço, abram os braços e percebam a necessidade de distância entre as "borboletas para bater as asas", pois não podem voar "grudadas".

- **Alçando voos:** peça que andem pelo espaço "batendo as asas" e brincando de estátua. A cada pausa, questione se as borboletas estão com espaço para voar e se não estão muito próximas ou concentradas em apenas um local. Estimule a organização e reorganização homogênea pelo espaço.

Ainda voando pelo lugar da vivência com os braços estendidos, experimente encostar as "pontinhas das asas" com as do colega e girar. Sugira que andem em cima das linhas das asas da borboleta desenhadas no chão, buscando manter uma criança longe da outra. Dependendo do espaço, é possível desafiar a turma a não ter mais de três crianças na mesma linha e explorar diferentes formas de andar (calcanhar, meia-ponta etc.).

Na sequência, salte pisando apenas nas pintas das asas, também demarcadas no chão, calculando as distâncias entre os colegas.

> **CONVERSA DOCENTE:** além do processo de metamorfose, no encontro seguinte relembramos a história conversando sobre o que é ser feio e quem é feio. Dialogamos sobre diferenças, particularidades, cabelos, cores, formatos do corpo e respeito à diversidade. Acreditamos que, se desde pequenos compreenderem que a beleza está justamente na variedade e multiplicidade de características dos seres humanos, podemos fomentar um mundo mais solidário, ético e pacífico.

- **A dança do vento:** em posse de tecidos coloridos e esvoaçantes, experimente o voo da borboleta. Destaque a leveza, o flutuar, abrir e fechar e o ondular. Sugira que dancem passando pelas linhas e "pintas", utilizando as ações corporais, bem distribuídas pelo espaço.
- **Encerramento:** converse sobre a necessidade de ocupar os lugares de maneira homogênea para dançar e a percepção do espaço pessoal: o próprio espaço de movimento ou a cinesfera.

> **CONCEITUANDO:** cinesfera é o espaço pessoal; uma "esfera" imaginada por Laban que envolve o corpo, onde acontece o movimento (Siqueira, 2006). Para onde quer que o corpo se movimente, ele leva consigo a cinesfera, nunca saindo dela (Lobos e Navas, 2003). A extensão máxima da cinesfera pode ser atingida alongando as extremidades dos membros superiores e inferiores sem mudar a postura, isto é, o lugar de apoio (Godoy, 2007).

MEU ESPAÇO NO MUNDO E O MUNDO NO MEU ESPAÇO

Tema: espaço geral e pessoal (cinesfera).
Participantes: 6 a 10 anos.
Objetivos:
- Conhecer o mapa do mundo, compreendendo a dimensão de territórios e a diversidade de culturas.
- Apresentar várias referências etnorraciais.
- Reconhecer as características de outras crianças do mundo, como também do próprio grupo.

- Ampliar a atenção e concentração.
- Vivenciar e explorar movimentos nas diferentes extensões da cinesfera: pequena, média e grande.

Estratégias: faz de conta, visualização de imagens e improvisação.

Materiais: mapas (desenhados no papel sulfite), mapa do mundo, livro *Crianças como você*, giz branco, fita-crepe ou bambolês.

> **REFERÊNCIA:** KINDERSLEY, Barnabas; KINDERSLEY, Anabel. *Crianças como você: uma emocionante celebração da infância no mundo.* Trad. Mario Vilela Filho. 6 ed. São Paulo: Ática, 2001.
> A proposta da atividade também pode ser sobre os continentes ou sobre nosso próprio país ou estado, apresentando neste caso os mapas desses respectivos territórios, etnias e culturas.

Sequência didática

- **Explorando territórios:** apresente o mapa do mundo indicando a localização de alguns países, onde moramos e outras informações que os participantes queiram saber. Em seguida, mostre as ilustrações do livro *Crianças como você* enfatizando a diversidade de crianças no mundo e suas culturas.

Na sequência, entregue um mapa para cada criança com caminhos diferentes e sugira que andem pelo espaço seguindo o trajeto para encontrar cada qual um país apresentado anteriormente. Quando encontrarem o país, delimite o local com um X. Quando todos encontrarem, recolha os mapas e coloque um bambolê em cada marca.

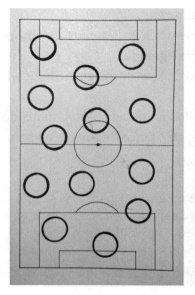 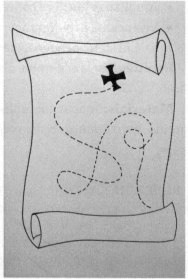

> **DICA:** o livro indicado é uma opção de material que pode ser utilizado para apresentar às crianças algumas etnias e traços culturais de vários países. Você pode também pesquisar por outras imagens na internet, complementando ou substituindo o livro.

- **Minha toca no mundo:** utilize as marcações para brincar de "coelhinho sai da toca": a criança que entrar por último em um dos bambolês será o coelhinho fora da toca. Retire dois ou três bambolês, solicitando que dancem entre os objetos, e, quando a música parar de tocar, peça para que entrem cada um em um bambolê. Quem ficar de fora da toca faz uma pose utilizando os apoios. Quando a música tocar novamente, todos retornam para o jogo.

Explique o conceito de cinesfera e, para estimular a consciência desse elemento da dança, proponha que todos vivenciem diferentes extensões em que o movimento pode ser realizado: amplo, pequeno e médio. Para tal, sugira que dancem pelo espaço sem pisar ou entrar nos bambolês e, quando a música parar, ao som de um dos comandos: toca grande – realize uma pose na extensão do espaço pessoal amplo; toca média – realize uma estátua na extensão do espaço pessoal mediano; toca pequena – realize uma estátua na extensão do espaço pessoal restrito.

> Acreditamos ser importante explicar e dizer os nomes corretos dos conceitos em dança, isso contribui para que os participantes valorizem essa linguagem como uma área de conhecimento, bem como com a construção simbólica e criativa deles, facilitando as combinações e recombinações.

- **Meu mundo nas tocas:** sem interromper a música, dance trocando de bambolê quando desejar. Ao atingir o material, a criança poderá dançar dentro dele na extensão do espaço pessoal que preferir, devendo variar entre pequena, média e grande.

CONVERSA DOCENTE: no jogo "coelhinho sai da toca" tradicional, os participantes são divididos em trios. Dois participantes formam uma toca dando-se as mãos e o terceiro se posiciona dentro dessa toca, sendo o coelhinho. Do lado de fora, ficam um ou mais coelhos sem toca. Quando o mediador disser "Coelhinho saia da toca!", todos os participantes devem ocupar uma nova toca, inclusive os coelhinhos que estavam de fora. O jogo pode ficar ainda mais interessante se tiver um caçador que persegue os coelhinhos quando estão trocando de toca; neste caso, quem for pego ocupa a posição de toca ou pode ser o novo caçador. Assim, segue o jogo e, depois, quem era toca passa a ser coelhinho. Se houver poucos participantes, as tocas podem ser substituídas por bambolês ou círculos desenhados no chão com giz. Outra sugestão é a cada rodada a quantidade de tocas diminuir, unindo participantes, ou retirar bambolês para que várias crianças fiquem juntas na mesma "toca". Essa possibilidade favorece a cooperação e a integração do grupo, posto que há um objetivo comum.

PULA-ELÁSTICO DANÇANTE

Tema: tensões espaciais e cinesfera.

Participantes: 4 a 10 anos.

Objetivos:

- Reconhecer e experimentar as tensões espaciais, bem como vivenciar o espaço pessoal (cinesfera).
- Exercitar a autonomia, a organização em pequenos grupos, o espírito de liderança e a habilidade de decidir coletivamente.
- Interagir com o colega, respeitando suas opiniões.
- Ampliar a criatividade.

Estratégias: jogo da cultura popular infantil, improvisação e interação social.

Materiais: elásticos coloridos ou não, com aproximadamente 2 metros de comprimento, amarrados ou costurados.

Sequência didática

- **Articulando:** sugira às crianças que: a) caminhem ocupando os "espaços vazios" (distribuídos homogeneamente); b) continuem a caminhada e, quando desejarem, "enrolem e desenrolem" (movimento de flexão e extensão da coluna articulando vértebra por vértebra). Peça que repitam algumas vezes; c) dancem enfatizando o movimento das articulações e partes do corpo associadas às ações de ondular, balançar, torcer, flexionar e estender; indicadas pelo mediador; d) explorem as direções dos movimentos: frente e trás; em cima e embaixo; direita e esquerda; e) durante a improvisação, explorem o saltar.

> **DICA:** para enriquecer as explorações das crianças, você pode sugerir que, ao improvisar, utilizem as direções (frente, trás, lados, em cima e embaixo) ou ações corporais, partes do corpo, entre outros elementos. Pode dizer, por exemplo: balançar, frente e trás; e as crianças exploram as várias possibilidades dessa ação, na direção solicitada (como balançar o braço, o corpo todo ou apenas a perna).

- **Pulando o elástico:** pergunte quem conhece o jogo *pula-elástico* e peça para aqueles que se manifestaram positivamente demonstrarem. Destaque as várias possibilidades de brincar.

Na sequência, solicite que se organizem em trios e, em posse de um elástico colorido, sugira que brinquem de uma das maneiras apresentadas ou crie a sua. Eles deverão decidir a ordem de cada jogador e as posições no espaço.

Explique o conceito de tensão espacial e proponha que, ainda nos trios, a criança que for brincar escolha como as outras duas segurarão o elástico, para que ela passe explorando as tensões espaciais formadas. Em seguida, peça que os participantes troquem de posição, constantemente, de maneira autônoma.

Refaça a atividade solicitando que as crianças que seguram o elástico façam pequenas movimentações para quem estiver no centro dançar pelas tensões espaciais que vão se formando. Peça que os participantes troquem de posição, frequentemente, mas agora sem pausas para trocar de lugar (durante a própria dança as alterações devem acontecer).

> **DICA:** esses elásticos podem ser encontrados em lojas de aviamento, inclusive em diversas cores. Os nossos são de cores azul, verde, roxa, branca, bege, preta, laranja, marrom e vermelha, todos com 3 metros de comprimento cada. Além disso, como é uma atividade dinâmica, ativa e empolgante, usualmente utilizamos músicas animadas e mais rápidas, como as do CD "Parabelo", de Tom Zé e José Miguel Wisnik; trilha sonora do espetáculo homônimo do Grupo Corpo.

Com as crianças organizadas em duplas, explore as movimentações possíveis de ser realizadas, segurando a ponta do elástico, provocando e "preenchendo" as tensões espaciais. As duas crianças podem dançar igualmente, completando-se ou sem relação aparente, apenas conectadas pelo elástico.

Com cada um na posse de um elástico, improvise expandindo, encolhendo, torcendo e destacando as tensões espaciais.

- **Um bate-papo:** além de conversar sobre a experiência, revele a relação desta última etapa com a cinesfera, ampliando a consciência dos participantes sobre seu espaço pessoal e a máxima extensão dos membros que puderam alcançar.

> **CONCEITUANDO:** tensões especiais são os espaços "vazios" existentes entre duas partes do corpo do mesmo sujeito, entre dois sujeitos e entre o corpo e o ambiente. As tensões podem ser "preenchidas" pelo corpo de outro ou por objetos (Marques, 2000).

IMAGEM EM ALTURAS

Tema: experienciando os níveis.
Participantes: a partir de 6 anos.
Objetivos:
- Conhecer os níveis na dança.
- Experimentar movimentos em todos os níveis.
- Explorar as transições entre os níveis e a pausa do movimento.
- Expandir a criatividade e a imaginação.

Estratégia: experimentação e improvisação a partir de imagens de movimentos de dança em todos os níveis e de uma variação do jogo da estátua.

Materiais: imagens de movimentos de dança em todos os níveis; som e músicas.

Sequência didática

- **Organização:** para receber as crianças, espalhe as imagens pelo ambiente onde será realizada a vivência: fixe-as nas paredes, pendure-as em cordões, confeccione plaquinhas ou revistas com as imagens e curiosidades sobre a dança; é só deixar fluir a criatividade.
- **Pre-par-ação:** explique os níveis e relacione-os com a dança, demonstrando possibilidades de poses e movimentações. Continue se movimentando/dançando, mas sugira

que as crianças tentem identificar os níveis correspondentes. Em seguida, deixe à disposição dos pequenos as imagens para que reproduzam e experimentem diversas ações corporais em todos os níveis, bem como incentivar a criação de movimentos a partir delas.

- **Danç-ação:** recolha as figuras e solicite que façam um círculo, mostrando aos colegas as imagens que foram experimentadas para que os outros identifiquem o nível correspondente.
- **Uma noite no museu:** semelhante ao jogo da estátua e inspirada no filme norte-americano homônimo, uma criança será o vigia noturno. Esta ficará de costas enquanto as outras crianças dançam livre pelo espaço. Quando a música parar, todos devem permanecer imóveis. O vigia deve se virar e caminhar entre as estátuas, observando se alguém está se mexendo. Quem se mexer deixa o jogo. Quando a música voltar a tocar, o vigia noturno deve se virar de costas novamente e assim por diante, até que fique apenas uma estátua, que será o próximo vigia. Durante a vivência, o professor pode indicar que as crianças se inspirem nas imagens, explorem apenas um nível, transitem entre dois ou dancem em todos os níveis. Ele pode, ainda, antes de a música parar, sugerir o nível que deverão ficar em estátua.

> **DICA:** outra possibilidade é oferecer ou decidir coletivamente um tema para o museu (animais, Egito, super-heróis), sendo que as crianças podem tanto dançar como compor as estátuas, a partir desses personagens.

- **E o dia (re)começa:** ainda inspirado no filme, brinque pela última vez com todos dançando ao mesmo tempo. Quando as crianças fizerem a estátua, conte que o sol começou a nascer e as peças foram voltando para suas caixas para ser guardadas nas prateleiras. Sugira que todos se abaixem lentamente até sentar e deitar no chão. Solte o corpo, feche os olhos, relembre a atividade, respire profundamente algumas vezes e espreguice-se para finalizar.

JOGO DO 1, 2, 3

Tema: progressões e níveis.
Participantes: 5 a 10 anos.
Objetivos:
- Vivenciar movimentos nas progressões em linha reta, circular, zigue-zague e sinuosa, transitando entre os níveis alto, médio e baixo.
- Explore as ações corporais de encolher, expandir e deslocar.
- Amplie a capacidade do equilíbrio dinâmico.
- Estimule a atenção e a concentração.

Estratégia: jogo e improvisação.
Materiais: cartões de papel; som e músicas.

Sequência didática

- **Gelinho, gelão:** uma criança será a pegadora e os demais colegas devem fugir correndo pela sala. Para que eles não sejam pegos, os participantes podem se abaixar como uma sementinha bem próxima ao chão e, para retornar ao jogo, alguém tem de encostar na criança, para que ela se estique como uma árvore.

> **DICA:** esta atividade pode ser adaptada ao balé clássico infantil pedindo que, em vez de correr, se desloquem pelo espaço com os passos *gallop* ou *skip*; ao abaixar, ajoelhem com os braços em primeira posição e, para levantar, fiquem no *elevè* com os braços em quinta posição.

- **1,2,3:** explique o conceito de progressão e exemplifique com as linhas reta, circular, zigue-zague e sinuosa, bem como os níveis alto, médio e baixo. Sugira que se distribuam pelo espaço e dancem explorando as ações corporais trabalhadas no pega-pega (encolher, expandir e deslocar) em zigue-zague, permanecendo atentas aos comandos: ao som de número 1, todos devem andar na meia-ponta dos pés em linha reta; no número 2, as crianças precisam ajoelhar, sentar nos calcanhares, descer o quadril lateralmente e rolar com o bumbum no chão, transitando entre essas posições em linha circular; e no número 3, as crianças devem rastejar no chão em caminho sinuoso como uma cobra.

Para aumentar a diversão, pode-se desenhar tais linhas em papéis e mostrar durante o jogo, lançando desafios.

> **CONVERSA DOCENTE:** o nível baixo é raramente utilizado no balé, assim como movimentos de rastejar e engatinhar ou brincadeiras de correr; no entanto, é interessante oferecer experiências em todos os níveis, principalmente às crianças pequenas, para diversificar e expandir suas possibilidades de movimento, para ação no mundo.

- **Roda dançante:** com todos em roda, assista a um colega improvisando no centro do círculo, utilizando os passos e movimentos mediados ao longo de toda a vivência. Quando desejar finalizar, realize uma *reverancè* e, em seguida, sugira a troca de lugar com algum colega que estiver sentado. Repita esse ciclo até que todos tenham experimentado dançar no centro do círculo.

> **CONCEITUANDO:** ao fim de uma apresentação ou de uma vivência dançante, o bailarino, como uma forma de respeito à tradição do balé, realiza uma *reverancè*; ou seja, faz um agradecimento à aula e ao professor, inclinado se corpo e sua cabeça à frente.

> **DICA:** no projeto "Dançar e brincar: uma experiência de balé com crianças pequenas", experimentamos mediar essa dança por meio do lúdico, em especial dos brinquedos cantados. Com isso, durante a roda dançante incentivamos as crianças a escolher uma cantiga popular para o colega dançar; um exemplo foi a música "Fui no Itororó".

MEU CORPO SEMENTE

Tema: formas.
Participantes: 3 a 10 anos.
Objetivos:
- Instigar nas crianças a imaginação para criar diversas possibilidades de compor formas usando o corpo.
- Ampliar a percepção da organização do grupo no espaço, bem como dos diferentes tamanhos das formas.
- Reconhecer as dimensões do próprio corpo e compará-las com as dos demais participantes.

- Experimentar a possibilidade de se encaixar no desenho do corpo do amigo.

Estratégia: improvisação, interação e desenho.

Materiais: aparelho de som, música e papel pardo ou qualquer outro papel que possa ser colocado no chão do espaço, reproduzindo a ideia de uma grande tela para pintura; canetinha colorida, giz de cera ou tinta e pincéis.

Sequência didática

- **Chamamento:** passe o pincel no corpo dos pequenos, como se estivesse colorindo-os, aproveitando o momento para sensibilizar o sentido do tato e reuni-los em uma roda de conversa. Um colega poderá fazer com o outro também.
- **Combinados:** antes de iniciar esta atividade, é interessante enfatizar a necessidade da concentração, pois nos tornaremos artistas pintores do corpo e iremos desenhar em uma gigantesca tela de pintura que está no espaço de vivências. Converse sobre as possibilidades de imitar com o corpo uma semente, uma folha e uma flor, sugerindo que mostrem suas ideias.
- **Desenha-ação:** no local e olhando para a grande "tela" no chão, solicite que cada criança escolha o formato do corpo com o qual deseja ser desenhado: semente, folha ou flor. Decida um lugar em cima da tela e deite no formato imaginado. Com um giz ou uma canetinha hidrocor, faça o contorno do corpo de cada criança.

Assim que todos forem desenhados, peça que andem por cima do papel, observando as formas desenhadas. Em seguida, recomende que tentem se encaixar nas diversas imagens, conscientizando-se sobre os diferentes tamanhos de corpos e posições. Por fim, ao som de uma música, dance passando de desenho em desenho, tentando se encaixar em algum desses formatos.

- **Apreciação:** para finalizar a grande pintura, pinte seu desenho do corpo com material disponibilizado e, em seguida, aprecie coletivamente a pintura em tela tamanho gigante, conversando sobre a imagem do corpo em uma obra de arte.

> **DICA:** aqui é interessante pedir ajuda a alguns funcionários da instituição para otimizar o tempo e impedir que elas cansem de esperar e se dispersem. Dependendo da idade, podem formar duplas e um colega desenhar o outro.

4
Ritmo e musicalidade

Muitas vezes a dança é diretamente associada à música. Especialmente em instituições que atendem às crianças pequenas, a dança, com frequência, é ofertada para ampliar a experiência do ritmo, diferenciar estilos musicais, aprender movimentos de cantigas de roda, memorizar letras de músicas ou, para os pequenos, se movimentar e expressar, além das apresentações em festividades.

Dança e música são linguagens artísticas e áreas de conhecimento independentes, mas com enorme riqueza de possibilidades em seu encontro, assim como na integração com teatro, artes visuais, literatura, fotografia, entre outros.

O frutífero diálogo entre dança e música pode se expandir, particularmente, para o vasto repertório do cancioneiro popular brasileiro, para além das cantigas infantis, comumente encontradas nas escolas e na mídia. Um passeio pelas manifestações expressivas das culturas populares brasileiras revela a diversidade e a pluralidade de ritmos, sons, letras e gestualidades dos brincantes. Por meio do "Jacaré Coiô", "Lá vem o crocodilo", "Corpo todo mole", "Peixe piá", "Roda pião, "Maçariquinha na beira da praia", "Sai, Piaba", "Fia, fia, fiandeira" e tantas outras músicas, podemos imaginar outros mundos e fomentar olhares mais sensíveis para si, para o outro e para nosso entorno de maneira divertida, bem-humorada e criativa, considerando sempre as características regionais do grupo.

Nesse contexto, questionamos: por que não abandonar o aparelho de som e cantar enquanto se dança? E tocar, desde instrumentos musicais à percussão alternativa e a objetos sonoros? Esse foi um dos eixos metodológicos de um de nossos projetos de extensão em um Centro Municipal de Educação Infantil. Motivados pela ampliação da consciência e das possibilidades de movimentos das partes do corpo, investimos em brinquedos cantados e cantigas pouco conhecidas das crianças para favorecer a descoberta de novas gestualidades, aliados à vivência das qualidades do movimento expressivo e suas estruturas (direções, trajetórias, níveis e duração, abordados anteriormente).

Desse modo, sons, ritmo, pulso, melodia, harmonia, contratempo, percussão corporal, pausa e andamento são conceitos que enriquem as experiências em dança e encontram-se com a sensibilidade de uma escuta ativa, da atenção, da concentração e do silêncio; elementos presentes nas descrições das seis vivências a seguir.

IDENTIDADE

Tema: sons.
Participantes: 7 a 10 anos.
Objetivos:
- Elaborar uma sequência de movimentos e sons.
- Reconhecer as características individuais dos colegas.
- Conhecer o conceito de identidade e despertar a atenção para a diversidade.

Estratégia: desenho, som, improvisação e movimento.
Materiais: aparelho de som, música, papel sulfite, lápis de escrever, borracha, apontador e lápis de cor.

Sequência didática

- **Movimento-som:** em círculo e em pé, seguindo uma ordem para qualquer direção, uma criança faz um som (espirro, estralar de dedos, bocejo, palma, grito, uma letra etc.), seguido de um movimento. O próximo repete o movimento e o som do colega e cria o seu; o terceiro repete o movimento e o som dos dois colegas anteriores e cria o seu; e assim sucessivamente, até que o último faça os movimentos e o som de todos. Coletivamente, todos repetem duas vezes a sequência de maneira dançada.
- **Identidades:** converse sobre o conceito de identidade (características, diferenças, semelhanças, grupo, cultura, autoconhecimento, relações sociais e diversidade). Cite, por exemplo, a dinâmica anterior, na qual cada um pensou, escolheu e realizou um movimento e um som diferente (timbre), compondo uma coreografia com uma melodia coletiva.

Em duplas, um desenha o outro, realizando o movimento da primeira atividade, tentando evidenciar ao máximo as características físicas do colega.

- **Exposição dançante:** socialize os desenhos com a turma, um apresentando o outro. Sugira que se atentem para as diferenças e as semelhanças em relação ao grupo.

Para finalizar, exponha os desenhos espalhados pelo chão e indique que as crianças dancem entre elas, ao som de uma música, utilizando os movimentos e os sons da primeira parte da vivência. Solicite, se assim desejarem, que parem na frente de um desenho e dance "com ele" ou inspirado nele.

> **CONVERSA DOCENTE:** essa vivência pode ser realizada no primeiro dia de contato, criando uma divertida dinâmica para que o grupo se conheça; ou mesmo quando a turma já tem afinidades, provocando outras perspectivas de perceberem suas relações, se atentarem às características e escolhas individuais dos colegas, olharem para a diversidade e se reconhecerem nas diferenças.

ENCENAÇÕES MUSICAIS

Tema: percepção da música.
Participantes: 3 a 10 anos.
Objetivos:
- Aguçar a uma escuta mais sensível da música, identificando mudanças como pausas e alterações na velocidade ou nos instrumentos musicais.
- Despertar a imaginação e a criação de cenas.

Estratégia: escuta, imaginação e encenação.
Materiais: som, música, dois bonecos ou fantoches e acessórios cênicos, tais como tecidos, chapéus, fitas e outros.

Sequência didática

- **Preparação:** selecione uma música que apresente uma clara divisão de suas partes e posicione uma mesa no espaço da vivência, na qual você consiga se "esconder" para realizar um teatro de bonecos.

> **DICA:** utilizamos a música *"Menuet"*, do CD *Mozart for Babies*, coleção *Happy Baby*, por sua estrutura regular e com partes bem definidas que se encerram com uma pausa. Essa composição pode despertar a imaginação, uma vez que parece que ela conta uma história, finaliza e em seguida começa outra, com a participação de novos instrumentos musicais e/ou arranjos.
> Uma preferência é para músicas instrumentais, evitando, com isso, que as crianças imitem, em gestos, as letras da música, libertando a criatividade e a fantasia.
> É possível também pensar em melodias que não – ou pouco – estão presentes na mídia, favorecendo a ampliação do universo cultural e uma escuta mais sensível.
> Por fim, a escolha da música, dos personagens e do tema da encenação pode variar conforme os interesses e necessidades do grupo de participantes.

- **Teatro de bonecos:** coloque a música e peça que ouçam com atenção. Pergunte o que imaginaram a partir daquela melodia e, em seguida, faça um pequeno teatro com os fantoches, com base no tema elencado pelas crianças, em conexão com a música. Ou seja, a primeira cena corresponde à primeira parte da composição, e assim por diante.

Instigue os pequenos a descobrir quantas partes tem a música e quantas cenas compuseram a "peça". Sugira que se organizem em duplas, sendo que cada um representará um boneco. Ofereça acessórios para elaborarem seus personagens.

Solicite que encenem a "peça" respeitando as partes da música, apenas com expressões corporais (sem verbalizações). Repita mais uma vez para aprimorar a interpretação ou trocar os personagens.

- **Encerramento:** dance as cenas e converse sobre a experiência, as sensações e as impressões.

DANÇANDO BRINQUEDOS CANTADOS

Tema: ritmo e velocidades.
Participantes: 4 a 9 anos.
Objetivos:
- Vivenciar o ritmo biológico e métrico, bem como suas diferentes velocidades.
- Identificar suas preferências de movimentação.
- Dançar uma sequência de passos a partir de brinquedos cantados, alternando o andamento.

Estratégia: brinquedos cantados.
Materiais. Som e músicas diversas.

Sequência didática

- **Cantando e alongando:** em círculo, pergunte às crianças quais cantigas conhecem e gostariam de cantar. Com base nas músicas elencadas, vivencie um alongamento, conectando a letra da canção com os movimentos. Por exemplo:

Alecrim, alecrim dourado
Com todos sentados no chão com as pernas flexionadas próximas ao quadril e as mãos sobre os pés, balance as pernas para cima e para baixo.

Que nasceu no campo, Sem ser semeado
Suba os braços e deite o tronco sobre as pernas.

Foi meu amor
Retorne "desenrolando" a coluna

Que me disse assim
Movimente os braços para a segunda posição do balé, enquanto afasta a perna lateralmente

Que a flor do campo É o alecrim
Incline o corpo para a frente tentando encostar a barriga no chão

Cante quantas cantigas forem necessárias para alongar adequadamente o corpo, respeitando o interesse e a motivação dos participantes.

- **Meu tempo:** ainda em círculo, explique que podem se locomover pelo espaço realizando alguns passos do balé, como *gallop*, *skip* e *corridinha*, e que essa movimentação será feita sem música, na velocidade que cada uma desejar. Depois de experimentarem, sugira que executem o mais rápido que puderem, de forma lenta e muito lenta, quase parando. Ao final, possibilite que as crianças escolham a(s) velocidade(s) que mais gostaram de realizar, transitando entre elas.

Para complementar a experiência, coloque músicas de diferentes andamentos e solicite que dancem acompanhando tais velocidades.

- **Televisão:** separe a turma em dois grupos, sendo um os telespectadores e o outro, a televisão. Em seguida, elabore uma sequência de passos para o grupo da televisão e peça que o grupo dos telespectadores escolham uma cantiga. Dessa forma, enquanto os telespectadores cantam e batem palmas, o grupo da televisão executa os passos do balé no ritmo determinado. Combine um código/gesto para cantar mais rápido e outro para mais devagar, desafiando o grupo da televisão a se adequar às diferentes velocidades de movimento. Inverta os papéis.

BRINCANDO COM O TEMPO

Tema: pulso e harmonia.
Participantes: 7 a 10 anos.
Objetivos:
- Vivenciar a pulsação rítmica.
- Desenvolver a percepção de ritmo.
- Explorar a percussão corporal.

Estratégias: jogos com ênfase na imitação, criação e improvisação.
Materiais: nenhum.

Sequência didática

- **Roda de apresentação:** em círculo e em pé, realize caretas e alguns sons com a voz para despertar os músculos do rosto e, assim, treinar a expressividade.

> **DICA:** algumas sugestões de sons para ser realizados com as caretas são as letras A, X, Z, S, O e I. Uma massagem facial e uma boa espreguiçada também são bem-vindas.

Apresente-se brincando com o tempo do som; a frase a ser dita é: "Oi, meu nome é... E o seu?", olhando para o colega ao lado. A primeira parte deve ser pronunciada bem lentamente e o "E o seu ?", muito rápido.

Ainda em roda, cada participante deve dizer o nome da pessoa ao lado, sendo na primeira rodada lentamente e na segunda, subitamente.

- **Coletivização:** elabore uma pequena sequência rítmica utilizando estalos de dedos, palmas e batida dos pés. Ensine à turma e, quando notar que todos compreenderam e memorizaram, faça junto com as crianças duas ou três vezes seguidas, mostrando como uma música pode ser composta a partir da percussão corporal.

Sugira que cada criança vá a um ponto da sala e crie sua própria sequência percussiva com quatro tempos de duração, instigando-as a experimentar outras possibilidades de produzir sons com o corpo (assobios, batida das mãos no peito ou coxas), além de apresentar variadas opções de palmas, como aplauso, estrela e concha. Peça também que utilizem o tempo rápido e lento.

Assim que finalizarem, convoque a roda novamente. Nesse momento, cada participante apresentará sua sequência, repetindo-a duas vezes. Em seguida, solicite que se organizem um ao lado do outro. Quanto todos estiverem de frente para o professor, novamente, peça para cada criança, uma por vez, reproduzir sua sequência.

Sugira que, agora, cada um comece no tempo determinado pelo docente e não pare, até que todos estejam, ao mesmo tempo, produzindo seus sons.

A próxima etapa é brincar de maestro. O professor deve apontar para o participante começar e indicar quem entra para compor e quem para, criando, assim, uma harmonia percussiva corporal.

Depois de algumas experimentações, convide as crianças a reger e desafie a "orquestra" a deixar seus movimentos mais gingados e pulsantes conforme o ritmo.

> **CONVERSA DOCENTE:** durante a regência da "orquestra" percussiva, é necessário estar atento a todos. É interessante estabelecer códigos para iniciar e parar, que podem ser determinados pela própria turma – por exemplo, apontar com a mão aberta para começar e fechá-la para finalizar.

- Encerramento: com as crianças sentadas em roda, medeie uma massagem facial individual e corporal coletiva (toque o colega ao lado, para todos serem massageados ao mesmo tempo). Converse sobre as impressões, as sensações, o trabalho em grupo e a harmonia musical.

BATE AQUI E ACOLÁ

Tema: percussão corporal e células rítmicas.
Participantes: 6 a 10 anos.
Objetivos:
- Vivenciar a percussão corporal em diversas as partes do corpo.
- Ampliar a capacidade de atenção e concentração e fomentar a criatividade coletiva.
- Explorar as possibilidades sonoras do corpo e sua relação com o movimento.

Estratégias: jogos coreográficos e imitação.
Materiais: aparelho de som e músicas.

Sequência didática

- **Coletivização:** em uma roda, lance o desafio do ritmo, no qual o professor produz uma célula rítmica e as crianças escutam e, na sequência, tentam reproduzi-la o mais fielmente possível. A primeira estrutura sonora é bater três palmas e dizer A; depois, três palmas e pronunciar a letra E, e assim por diante, até finalizar o AEIOU.

A segunda estrutura é pronunciar a letra concomitante à percussão corporal. Diga a letra A com três palmadas no braço direito (a primeira palma no punho, a segunda, no cotovelo e a terceira, no ombro), de modo que o som da letra seja emitido assim que a palma da mão encostar no punho. Repita a mesma ação com o som E, mas agora no braço esquerdo. Para a letra I, realize três pequenos tapas nas bochechas, somente com as pontas dos dedos, de maneira alternada. Com o som O, execute três tapas no peito; e, por fim, para a letra U, três batidas nas coxas, alternando as mãos.

Seguindo a atividade, desenvolva uma sequência rítmica simples de batidas de palmas e pés (que pode ser criada na hora), na qual o docente demonstra na primeira vez e na segunda as crianças fazem sozinhas. Pode-se mudar a sequência e o tipo de palma – por exemplo, pé, palma concha, palma estalo, pé; ou três palmas e duas batidas de pé com o pé esquerdo; seis palmas e quatro batidas dos pés alternando entre direito e esquerdo etc. –, além de poder incluir pausa e brincar com as velocidades do movimento. A complexidade será determinada pelas características de sua turma.

O desafio agora é caminhar pelo espaço batendo palmas e pés, ainda brincando com os ritmos lento/rápido. O docente vai conduzindo pequenas sequências, sendo algumas iguais às que experimentaram anteriormente e outras diferentes. Se houver muita dificuldade de realizar as sequências em deslocamento, realize pausas na hora da execução.

Em duplas, sugira que elaborem uma sequência com seis sons, podendo ser de palmas, batida de pés, estalos de dedos ou vocalizações. Oriente para que essa criação seja coletiva e não somente "um concebe e o outro copia". Assim que todos finalizarem, solicite que cada dupla apresente o que criou.

Para ampliar o desafio, indique que deixem essas sequências mais dançadas, com deslocamentos, trocas de lugares, molejos, entre outros.

- **Coreografando:** a partir de alguns sons e movimentos criados nas duplas, use uma cantiga popular, como, por exemplo "Caranguejo não é peixe", e elabore uma célula coreográfica. Repita algumas vezes até notar que as crianças conseguiram realizá-la.

> **DICAS:** elabore a sequência rítmica dialogando com a cantiga e com a forma de dança que você oferece às crianças. Se for balé, utilize pontinhas, piruetas e *elevès*. Se forem danças de rua, traga saltos, giros rápidos e bastante expressividade.

MEU MESTRE MANDOU DANÇAR

Tema: ritmos e estilos musicais.
Participantes: a partir dos 6 anos.
Objetivos:
- Promover interação entre os participantes.
- Criar células coreográficas.
- Reconhecer alguns gêneros musicais.
- Participar como plateia e dançarino.

Estratégia: criação e composição.
Materiais: som e músicas de diversos estilos e ritmos musicais.

Sequência didática
- **Apresentação:** em roda, solicite que cada participante escolha e apresente, um por vez, uma ação corporal (saltar, girar, dobrar, esticar, entre outras diversas possibilidades de movimento). Finalizada essa rodada, sugira que unam sua ação corporal com a de outro colega e, novamente, apresente a combinação na roda.
- **Composição:** o próximo passo é pedir que formem quartetos, retomem os movimentos de cada um e selecionem uma quinta ação corporal para que o outro grupo inclua em sua sequência.

Estabelecido isso, cada grupo terá alguns minutos para compor uma minicoreografia, utilizando as cinco ações corporais e outros gestos que desejarem. Ademais, deverão escolher uma música entre as oferecidas pelo professor, sendo de estilos musicais diferentes: *pop, rock, jazz, blues, country,* samba, bossa-nova, entre outros.

Após ensaiarem, um grupo deve apresentar ao outro e todos devem observar como utilizaram e combinaram as cinco ações corporais com outros movimentos para elaborar suas composições.

- **Convers-ação:** ao final das apresentações, dialogue acerca das infinitas possibilidades de combinações dos movimentos, variando o tempo e o espaço, para compor coreografias; além da expressividade e da intencionalidade das ações. Converse sobre os diferentes gêneros musicais, apresente os menos conhecidos e contextualize alguns, para ampliar o universo cultural das crianças. Debata também sobre a relação dançarino-plateia.

> **CONVERSA DOCENTE:** esta atividade pode ter muitos desdobramentos e modificações. Contudo, destacamos a oportunidade da criação e da potência para um aprofundamento sobre estilos musicais, diferentes formas de dança e composição coreográfica com a participação das crianças. A dança também é passo e apresentação, mas reduzi-la a tais aspectos, ou à imitação em gestos de letras de música, é esvaziar o processo e desconsiderar seus conceitos.

5
Artes integradas

Ao conceber que o ser humano, especialmente na infância, possui infinitas formas de manifestação, inundamos nossas práticas educativas de experiências nas mais variadas linguagens. Cada linguagem carrega diferentes simbologias e pode potencializar a capacidade de comunicação, criação, interpretação e interação com o mundo. Desse modo, uma ação interdisciplinar, que integre as artes, pode expandir as perspectivas de compreensão, descoberta e invenção da rica e complexa teia do conhecimento, criando oportunidades para a construção das múltiplas relações que envolvem o aprender.

Sob tal aspecto, a arte deveria possuir um papel central na rotina educacional infantil, não de maneira utilitária, mas sensível, integrada, plural, expressiva e inovadora, bem como grande parte do sistema educacional brasileiro precisaria repensar a fragmentação dos vários campos do conhecimento, eliminando as dicotomias.

Nesse sentido, é possível dialogar a dança com o desenho, com a escultura, poesia, contação de história, pintura, música, fotografia, dramatização, tecnologias e tantas outras possibilidades de encontros, almejando valorizar as diversas formas como os pequenos se expressam. Um desafio no qual o professor pode se convidar e ser convidado a experimentar ideias, buscar intersecções, brincar com a imaginação e se reinventar a cada encontro, diante dos comentários e das dúvidas das crianças durante as vivências.

Neste contexto, a apreciação estética e a criação cênica ganham destaque, uma vez que pertencem à experiência artística e ao processo de formação de plateia, provocando um novo olhar para a realidade.

Segundo Matthes (2010, p. 135),

> a apreciação estética contempla o olhar que compreende e incorpora a diversidade de expressões e que reconhece as individualidades. Essa fruição enriquece a criatividade e a imaginação

e pode ser um caminho para a educação do sensível e a reflexão sobre a produção em arte.

Sendo assim, investir em momentos de experiência estética da apreciação, seja de vídeos, entre as próprias crianças, ou de artistas ao vivo, pode instigar o prazer do encantar-se, o sentir, o admirar e o sublimar, apoiados na sensibilidade e na percepção pessoal (Matthes, 2010).

Ademais, as coreografias tão esperadas pelos pais e gestores das escolas podem (e devem) ser momentos ímpares para a apreciação estética, seja por parte expectadores ou entre as crianças-artistas. Sobre isso, Lima (2009b) aponta que nem sempre o trabalho em dança com os pequenos precisa, necessariamente, resultar em produções para alguém assistir. As apresentações são relevantes para a formação artística, contudo é importante, antes de mais nada, respeitar as crianças e o processo de mediação das descobertas, de formação e da ampliação das possibilidades as quais estão vivendo.

É necessário que o caminho da criação se aproxime dos interesses infantis, evitando a transposição da letra da música em gestos estereotipados e sem sentido para os pequenos; além da construção prévia pelo docente, de coreografias, tirando a chance da pequenada de protagonizar o processo de elaboração artística e participar ativamente das decisões.

Por fim, ressaltamos a necessidade de o professor ser um criador: da sua dança, de caminhos metodológicos, de histórias, desenhos, músicas; bem como pesquisar o próprio movimento, assistir a espetáculos, ir a teatros, ler, produzir e anotar seus *insights* para um ensino de dança diferenciado e inventivo.

E, neste impulso criador, além das vivências descritas, decidimos ousar na última proposta deste livro, compartilhando as várias ideias que tivemos ao discutir e experimentar as possibilidades de encontro entre dança e tecnologia. Um encontro que ainda não ofertamos às crianças em nossos projetos e atuações profissionais, mas que em breve o faremos. Tal ação foi motivada pelo

> **DICA:** assim como nos capítulos anteriores, há muitos materiais para aprofundar as reflexões sobre arte, obra, criação, apreciação estética e integração das linguagens. Selecionamos algumas para indicar:
>
> ALMEIDA, Fernanda de Souza. "Apreciação estética em dança na educação infantil: possibilidades para uma intervenção arte/educadora". In: XXIV Congresso Nacional da Federação de Arte/Educadores do Brasil, 24, Ponta Grossa, 2014. ANAIS... Ponta Grossa: UEPG, Departamento de Artes e Programa de Pós-Graduação em Educação, 2014.
> EDWARDS, Carolyn; GANDINI, Lella; FORMAN, George. As cem linguagens da criança – Vol. 2. Porto Alegre: Penso, 2015.
> SALLES, Cecília. Redes da criação: construção da obra de arte. São Paulo: Horizonte, 2006.

intuito de estimular a criação do professor e a busca por alternativas didáticas. E, caso experimente, esperamos que nos conte em nossa *fanpage* intitulada "Dançarelando".

DESENHO-DANÇA

Tema: contação de história, desenho e dança.
Participantes: 4 a 10 anos.
Objetivos:
- Expandir a criatividade por meio da integração de linguagens artísticas.
- Possibilitar a apreciação estética e a experimentação corporal dos traços, rabiscos e desenhos da história.

Estratégia: contação de história, desenho e improvisação.

Materiais: aparelho de som, áudio da história "Bom dia, todas as cores", de Ruth Rocha, música, cartolinas e gizes de cera.

Sequência didática

- **Organização:** para viabilizar e otimizar a realização dessa atividade, disponha cartolinas coloridas no chão, em fileiras horizontais, atentando para o espaço de uma fileira à outra e a combinação das cores, de modo que o chão fique colorido e convidativo às crianças. Entre as fileiras, coloque os gizes de cera em pequenos montes, distribuídos estrategicamente para incentivar a partilha.
- **Chamamento:** busque as crianças vestindo roupas coloridas e brincando com uma bexiga de uma das cores mencionadas na história "Bom dia, todas as cores", de Ruth Rocha, despertando a curiosidade sobre a vivência do dia. Conte que terão uma contação de história diferente.

Dança e educação

DICA: para essa atividade, outros papéis podem ser utilizados. Em nosso caso, as cartolinas estavam à disposição, mas se no seu contexto não tiver, poderá fazer uso de papel pardo, *kraft* etc., desde que seja possível enxergar os traços e desenhos.

Peça que, ao adentrarem o espaço, aguardem até que seja solicitado para interagir com o material disposto pelo chão. Ao chegarem, sugira que olhem atentamente a organização e que escolham uma cor de cartolina para sentar na frente com um punhado de giz de cera.

- **Desenh-ação da história:** ouça em áudio a história "Bom dia, todas as cores", de Ruth Rocha, que traz como elementos principais as diferentes cores. Mostre às crianças o livro e conte sobre a autora. Solicite que, enquanto escutam a história, as crianças pintem os papéis como quiserem; seja relacionado à narrativa ou às cores. A ideia é priorizar a criatividade, tendo como estímulo o áudio. Ao final, converse sobre os personagens, a moral da história e sobre diferença e diversidade.

Na sequência, peça para que caminhem pelo espaço observando os desenhos dos colegas e retornem ao seu.

- **Danç-ação do desenho:** ao som da música "Camaleão", do grupo de música infantil Palavra Cantada, sugira às crianças que olhem o papel no chão e façam a trajetória do desenho com o corpo; ou seja, a proposta é que aconteça um "desenho-dança" com foco nos rabiscos, traço, desenhos e afins.

> **CONVERSA DOCENTE:** a finalização dessa atividade, além de contribuir com a criação e improvisação, favorece um momento de apreciação, em formato de exposição, no qual elas podem reconhecer o que produziram, bem como o trabalho seus colegas. Tal momento pode ser comentado ao término da vivência, apontando para esse saber e suas contribuições para a dança.

COLORINDO O JARDIM

Tema: contação de história, vídeo, imagem e dança.

Participantes: 2 a 8 anos.

Objetivos:

- Expandir a criatividade por meio da integração de linguagens artísticas.
- Oportunizar a investigação de movimentações diversas com a fita, explorando os níveis e as ações corporais de balançar, girar e espiralar.

Estratégia: contação de história, improvisação e apreciação de vídeo do nascimento e desabrochar de uma flor e de imagens de quadros dos jardins de Claude Monet.

Materiais: aparelho de som, data show, músicas e fitas de cetim coloridas.

Sequência didática

- **Chamamento:** busque as crianças com flores artificiais na mão. Pergunte quais tipos de flores elas conhecem e fale sobre as que o professor trouxe. Incentive-as a ir ao espaço de vivências, exibir um vídeo sobre o desabrochar de uma flor e, na sequência, conversar sobre as impressões e curiosidades.
- **Apreciação:** conte a história "Criança-flor" (especialmente elaborada para esse projeto do jardim), enquanto outro professor, estagiário, funcionário ou criança mais velha dança inspirado na narrativa, utilizando as ações corporais de balançar, espiralar e girar. Cuide para não mimicar a história.

> **CONTEXTUALIZANDO:** o vídeo que exibimos é feito em *time-lapse*, sendo construído a partir da junção de fotografias macro de sementes sendo plantadas, germinando e depois eclodindo em lindas flores dos mais diversos tipos. Esse material é encontrado facilmente em busca virtual. Além de ser muito bonito, consegue mostrar em poucos minutos um processo natural que leva meses.

Criança-flor

*Um dia já fui sementinha, do tipo tão pequenininha
que quase ninguém me via.
Quando eu tinha sono, fechava meus olhos e me balançava
para um lado e para o outro até adormecer.
Ao raiar do dia me dava uma preguicinha tão boa que era
necessário me espreguiçar. Abria meus dois braços
espiralando-os ao sol para me esquentar.
Certa vez, sonhei que era uma árvore bem grande e que o vento
me balançava inteira. Das raízes até a copa de meus galhos.*

Eu amava os dias de chuva! Quando ela caia, eu ficava girando sem parar até quase cair no chão.
Nos dias de primavera, encontrava outras flores e balançávamos juntas até todas as nossas pétalas se abrirem.
Já fui criança e agora virei flor.

Letícia Fonseca

- **Outros jardins:** ao finalizar a história, conte às crianças que alguns artistas pintaram seus jardins, exibindo um slide com imagens (recortes de revistas, impressões da internet ou fotos) de algumas obras artísticas de Claude Monet. Contextualize o pintor e suas produções.

Encerre dizendo que nosso jardim cresceu, porém está sem cor. Peça, então, para que as crianças ajudem a colori-lo. Cada qual recebe uma fita de cetim colorida, representando o pincel com o qual "pintarão" o espaço. Nesse momento, incentive que experimentem livremente as fitas, sem pedir nenhum tipo específico de movimentação. Em seguida, sugira que dancem com o material, colorindo o jardim e explorando as ações de balançar, espiralar e girar.

> **DICA:** sabemos que os recursos para nossos planejamentos por vezes são escassos e nem sempre conseguimos comprar o material original. A partir daí, afloramos nosso lado criativo e encontramos meios de produzir o mesmo objeto de forma acessível. Para isso, em vez de comprar dezenas de fitas de ginástica rítmica, nós as fizemos com palito de *hashi* e fita de cetim, bem mais fina que a original, com, aproximadamente, 1 metro de comprimento. As fitas funcionaram bem e as crianças exploraram o material com alegria.

- **Conversas:** pergunte às crianças sobre as impressões e retome os aprendizados dessa vivência.

PLANTA-BAMBOLÊ

Tema: vídeo, imagem e dança.
Participantes: 3 a 10 anos.
Objetivos:
- Expandir a criatividade por meio da integração de linguagens artística.
- Explorar as ações corporais de balançar, ondular, chacoalhar, pontuar, enrolar e desenrolar, torcer, dobrar e flexionar, com diversas partes do corpo.
- Identificar o forró e compor uma banda de música desse estilo.

Estratégia: interação social, apreciação do videoclipe "Planta-Bambolê", do grupo Palavra Cantada, como estímulo para a exploração das ações corporais e experimentação de instrumentos musicais.

Materiais: televisão, DVD, bambolês e instrumentos musicais característicos do forró, como triângulo e zabumba (ou outros afins, como pandeiro, agogô, chocalho).

Sequência didática

- **Chamamento:** vá até o local onde as crianças estão com bambolês. Convide-as a brincar, motivando-as para a vivência do dia. Assim que elas se aproximarem e se reunirem, retome os encontros anteriores e enfatize que, para dançar, precisamos conhecer as ações corporais e nosso corpo. Revele que nessa atividade enfatizaremos as partes do corpo e como elas podem ser usadas para dançar. Contudo, para isso, teremos a ajuda de uma planta meio maluquinha que mora em nosso jardim: uma planta-bambolê. Vamos conhecê-la?

- **Despertar:** com as crianças sentadas em círculo, em cima da fita-crepe, assista ao videoclipe "Planta-Bambolê", do grupo Palavra Cantada, e pergunte a elas a história que a música conta e o estilo musical que usa. Conte que é o forró e contextualize o local, a época mais recorrente de manifestação e os instrumentos musicais básicos.

Peça ao músico percussionista convidado que toque a zabumba e o triângulo, evidenciando os conceitos de grave e agudo em tais instrumentos. Mostre, também, a sanfona em imagens e vídeos da internet e o chocalho. Solicite ao músico e à mais duas pessoas que toquem a zambumba, o triângulo e o chocalho, formando uma banda de forró.

- **Vivência:** recorde as partes da planta e associe-as com as partes do corpo humano. Experimente as ações corporais de balançar, ondular, chacoalhar, torcer, enrolar e desenrolar, com diversas partes do corpo, ao som da zabumba.

Em roda, ao som do triângulo, experimente alguns passos do forró que aparecem no videoclipe, além de outros.

- **Baile de forró:** sugira que formem duplas e trios e dancem ao som da banda de forró, na qual o músico permanece na zabumba e as crianças se revezam nos demais instrumentos musicais, tocando-os e experimentando como pensarem ser adequado.

DICA: nesse momento, pedimos a ajuda de um auxiliar pedagógico para organizar a troca das crianças, favorecendo que todas vivenciassem o dançar no baile e o tocar na banda.

DESCOBRINDO A CAPOEIRA

Tema: música, canto, jogo e dança.
Participantes: a partir de 7 anos.
Objetivos:
- Oportunizar o (re)conhecimento da capoeira angola.
- Explorar as possíveis gingas e os apoios.
- Experimentar elementos de ataque e defesa do jogo de capoeira angola, inserindo-os na roda.
- Possibilitar que as crianças compreendam seu espaço individual (cinesfera) em relação ao espaço geral e projetando o olhar.

Estratégia: imitação e jogo de improviso.
Materiais: aparelho de som, músicas e reco-reco ou pandeiro.

Sequência didática

- **Roda de apresentações:** com as crianças sentadas em roda, o mediador se apresenta e, ao som do pandeiro, pede a cada uma que diga seu nome, idade e se conhece a capoeira. Na sequência, identifique se conhecem e o que sabem sobre a capoeira, principalmente sobre a capoeira angola, e comente sobre os objetivos da vivência, acordando algumas regras para que as atividades transcorram com segurança e bem-estar de todos.
- **Contextualização:** converse sobre as duas vertentes da capoeira, a angola e a regional, comentando que ambas se desenvolveram na Bahia, mas atualmente existem no mundo todo. Explique que a angola é mais próxima ao chão e a regional, mais alta e acrobática, sendo que aquela também pode ter movimentações acrobáticas.

> **CONVERSA DOCENTE:** para maior segurança nessa e em outras contextualizações, é importante saber avaliar o material disponível na internet. Existem livros e documentários que trazem uma boa síntese da longa história dessa manifestação afro-brasileira; com isso sugerimos, em especial, dois:
> 1. Documentário: João Grande, mestre de capoeira angola
>   https://youtu.be/rOBFooUAE88
> 2. Documentário: Capoeira angola: mito e magia
>   https://youtu.be/JktJQt4OAoE

- **Coletivização:** sugira que se espalhem pelo espaço da sala, de modo que não toquem em nenhuma parte do corpo do colega. Peça que fechem os olhos e se atentem aos sons do ambiente, bem como à temperatura do chão. Solicite que respirem profundamente, imaginem o movimento de ginga da capoeira e tentem realizá-lo deitados. Indique que retornem à posição inicial, levantem-se lentamente, percebam o estado do corpo e que abram os olhos, virando-se na direção do professor. Conduza espreguiçamentos e sacolejos com diferentes partes do corpo, como cabeça, braços e pernas.

Em seguida, aqueça o corpo com a ginga, utilizando o movimento tradicional, mas também derivações, como: imaginar que o chão está quente (gingando e colocando as palmas das mãos no chão bem rapidinho, como se queimasse); ginga "quebrada", como se fosse um "robozinho; balanço do mar (pequena pausa entre uma ginga e outra, balançando os braços com as palmas das mãos unidas, representando um barco no mar); gingar e rodopiar; e deslocando pelo espaço.

Explore os apoios imitando uma aranha (quatro apoios em decúbito ventral), um caranguejo (quatro apoios em decúbito dorsal) e mesclando as duas movimentações, simulando o "rolê" da capoeira angola.

Em seguida, vivencie o movimento de ataque denominado "sapinho" (na posição de cócoras, dê pequenos saltos com as mãos protegendo o rosto), seguido da "cabeçada" (saia do sapinho e lance o corpo à frente, com apoio das mãos no chão, como se a cabeça tentasse acertar alguém); e da "chapa" (movimento no qual uma das mãos permanece no chão e a outra vem à frente ao tórax como forma de proteção; uma das pernas apoia-se no chão e a outra é lançada de baixo para cima, buscando alcançar o outro jogador). Repita algumas vezes essas três ações.

Experimente a transição de negativa baixa (troca de pernas) e de negativa alta (balanço do mar), explicando a importância para a defesa no jogo de capoeira.

CONVERSA DOCENTE: possibilite que os participantes percebam e compreendam o espaço geral e sua relação com o pessoal e com o social, evitando acidentes durante a experimentação dos golpes da capoeira.

- **Encerramento:** em roda, cante algumas ladainhas ao som do pandeiro ou agogô e entre no centro, em duplas, tentando combinar os movimentos vivenciados em forma de jogo. Finalize com um bate-papo sobre as sensações, o gosto, as desafinidades e os aprendizados da experiência.

O CORPO FALA

Tema: movimento expressivo.
Participantes: a partir de 8 anos.
Objetivos:
- Explorar expressões corporais motivadas por sentimentos.

- Comunicar com o corpo e desvendar a linguagem corporal do outro.
- Vivenciar jogos de adivinhação com dança.

Estratégia: improvisação por meio de palavras, mímicas e interação social.

Materiais: cartas com palavras que indiquem sentimentos, outras com movimentos cotidianos e um terceiro grupo com ações básicas do esforço; som e músicas.

> **DICA:** como sugestão, as cartas podem conter as seguintes palavras:
> - **Sentimentos:** agitação, agressividade, alegria, amor, angústia, ansiedade, arrependimento, arrogância, tranquilidade, ciúmes, saudades, coragem, preguiça, dúvida, espanto, inveja, raiva, paciência, pressa, tristeza, timidez, vergonha e muitos outros.
> - **Movimentos cotidianos:** mexer no cabelo, escovar os dentes, balançar o braço, dar tchau, bater o pé, mexer na orelha, coçar o nariz, estalar os dedos, bater palmas, engatinhar, pular, andar; bocejar, espirrar, tossir, comer, entre outros.
> - **Ações do esforço:** socar, talhar, torcer, pressionar, flutuar, deslizar, pontuar e sacudir (Laban, 1978).

Sequência didática

- **Xô, preguiça:** com as crianças em roda e em pé, peça que bocejem e espreguicem intensamente o corpo. Diga para mandarem a preguiça embora alongando da ponta dos dedos das mãos até os pés e, em seguida, chacoalharem o corpo todo.
- **Olho no olho:** sugira que cheguem mais perto, deixando o círculo pequeno. A partir de agora só o professor falará, devendo os participantes apenas olharem nos olhos dos colegas. Depois de se olharem atentamente, conduza algumas

expressões faciais para todos copiarem, como alegria, tristeza, raiva, medo etc.

- **Oi, tudo bem?:** Ainda mantendo a conexão do olhar, solicite que caminhem pelo espaço. Ao som de uma música lenta, entoe palavras que indiquem sentimentos, instigando-os a representá-las corporalmente. Após experimentarem diversas expressões sem verbalizar, peça que escolham um sentimento para representar e quando passar pelo colega, cumprimentá-lo (ainda em silêncio), trocando de sentimento com ele.
- **Jogo de adivinhação:** organize um semicírculo com todos sentados no chão. Uma criança por vez escolhe uma carta, que deve estar virada para baixo, com uma palavra que indique um sentimento. Peça para mimicarem essa expressão, a fim de que os demais colegas possam adivinhá-la; e assim por diante, até todos participarem. É interessante ter várias opções de cartas para, de preferência, não repetir os sentimentos.

Lance um desafio para a segunda rodada: sortear duas cartas, uma que indique um sentimento e outra com alguns movimentos cotidianos, mantendo a dinâmica da adivinhação. Sendo um sorteio, é possível que a expressão não tenha relação com a ação, o que deixa o jogo mais engraçado.

- **Adivinha-danç-ação:** divida a turma em dois grupos. Cada grupo escolhe ou sorteia três sentimentos e uma música. Um grupo começa dançando, expressando os sentimentos elencados, e, ao finalizar, o outro grupo que assistia tenta adivinhar tais palavras. Nessa atividade, cada integrante deve expressar os sentimentos do seu jeito.

Após os dois grupos terem representado, nesta mesma dinâmica sorteie três ações básicas do esforço e um sentimento. Assim, terão de realizar a expressão, dançando com essas três ações para o outro grupo adivinhá-las – por exemplo, o sentimento de tristeza com as ações de torcer, socar e deslizar.

- **Grand finale:** finalize a vivência conversando com as crianças sobre a experiência de representar e assistir ao outro, sobre a comunicação não verbal e como nosso corpo pode ser expressivo na dança.

DANÇA E TECNOLOGIA

A dança e a mídia

A dança está em todos os lugares, inclusive nos meios de comunicação de massa. Muitas vezes, ela é excluída do ambiente escolar, alegando letras violentas, vazias, vulgares e que sugerem sensualidade, consumo, preconceito e exclusão. Entretanto, não podemos negar que ela está presente no cotidiano infantil e pode facilitar uma aproximação com nossas aulas.

Desse modo, escolhemos a televisão e o computador como uma possibilidade de mediar a dança em conexão com os interesses das crianças, pelo seu fácil acesso; mas almejando ampliar as reflexões sobre diversidade, história, sociedade e ressignificação no contexto educacional, tanto das melodias das músicas como dos passos das danças.

Apontamos para a necessidade de essa ação pertencer a um processo com um objetivo mais amplo a ser alcançado, não desvalorizando essa produção cultural, mas, também, não resumindo o processo à reprodução e ao ensaio de tais coreografias.

Nesse contexto, sugerimos como uma forma de abordagem:
1. Contextualização e problematização das danças midiáticas, seu acesso e difusão.
2. Busca em redes sociais por coreografias para sucessos musicais atuais. Um canal interessante que oferece a dança de forma divertida e animada é o *"FitDance Kids"*.
3. Assistir a algumas opções e solicitar que as crianças escolham alguns estilos musicais diferentes, sugerindo que se dividam em grupos e selecionem alguns passos desses vídeos.
4. Indicar que cada grupo combine os movimentos escolhidos em formato de coreografia (acrescentando outros, se necessário), memorize a sequência e apresente aos demais.
5. Reunir todos os grupos, com todos os passos selecionados, para dançar uma mesma coreografia, ressignificando as possibilidades dos movimentos.

A dança e o videogame

Com o aperfeiçoamento dos meios digitais, os jogos de dança, ao lado dos jogos esportivos no videogame, tornaram-se populares por incentivarem a prática de exercícios físicos de forma divertida, utilizando o corpo todo para jogar, para além do manuseio do controle no conforto do sofá.

São jogos interativos nos quais a imagem de quem está jogando é convertida em realidade virtual por meio de um sensor de movimentos e projetada numa tela.

O jogo mais popular de dança, que conta com várias edições, é o *Just Dance*, da Ubisoft, que apresenta uma diversidade de músicas, coreografias, personagens e níveis de intensidade. Nesse jogo, a interação acontece pela reprodução fiel do movimento; quanto mais autêntica for, mais o jogador é pontuado.

O videogame é um meio interessante para estimular o interesse das crianças pela dança; entretanto, deve ser problematizado e não tolher a capacidade criativa do movimento. Podem ser trabalhados, entre outros aspectos, gênero, diferenças, inclusão, danças regionais e midiáticas, coordenação motora, intensidade do movimento, espacialidade, lateralidade, profundidade, expressividade, elementos da dança, interação dos jogadores e a apreciação.

Por ser envolvente, algo que deve ser observado e planejado ao utilizar o jogo de dança no videogame com crianças é em relação à quantidade de jogadores, pois, dificilmente elas hesitarão em ficar de fora da brincadeira.

Desse modo, algumas estratégias podem ser:

1. Sortear quem serão os primeiros a jogar, enquanto os outros podem participar assistindo ou tentando imitar, mas permanecendo fora do limite do sensor. Assim, faz-se um rodízio, trocando os jogadores.
2. Dividir a turma em grupos e sugerir que escolham representantes que memorizarão a coreografia e ensinarão aos demais. A cada coreografia podem ser escolhidos novos "líderes". Posteriormente, um grupo pode assistir ao outro.
3. O professor pode ensaiar uma ou mais coreografias e trabalhar com as crianças algumas partes da música antes de colocar no videogame, assim elas poderão criar a partir dela.
4. Pode-se utilizar *datashow* para projetar o jogo numa parede, ampliando a percepção de todos os corpos juntos.

A dança, projeção e sombra

A crescente utilização das tecnologias em nosso cotidiano tem despertado debates sobre sua utilização nos ambientes educacionais. Segundo Pereira (s/d), as tecnologias da informação e comunicação (TICs) podem contribuir com o aumento do interesse, do envolvimento e da motivação dos participantes, bem como com a elaboração de estratégias mais dinâmicas, significativas e problematizadoras. Contudo, é relevante destacar que o uso de tais recursos

> por si só não representa mudança pedagógica, se for usada somente como suporte tecnológico para ilustrar a aula, o que se torna necessário é que ela seja utilizada como mediação da aprendizagem para que haja uma melhoria no processo (Pereira, s/d, p. 1)

Sob tal aspecto, é interessante que o professor não só se capacite, mas experimente, tente, arrisque e construa junto com as crianças novos caminhos para a ampliação do conhecimento.

Nesse contexto, outra possibilidade de aliar dança e tecnologia pode ser o uso de *datashow* com projeções de computador para experimentar a correspondência do movimento com a sombra, imaginado da seguinte forma:

1. Construa um ou mais sólidos geométricos dos estudos de Laban (Rengel, 2008), entre eles o cubo, octaedro e icosaedro, com palitos de sorvete ou churrasco. Explique a relação de tais poliedros com o movimento, os eixos e os planos, bem como sua tridimensionalidade. Posicione o poliedro na luz, projetando sua sombra na parede, em um tamanho que abarque a máxima extensão dos membros superiores e inferiores do participante mais alto da turma. Observe a sombra e imagine que o corpo está dentro de tal sólido geométrico. Sugira um jogo palco-plateia, no qual uma criança por vez entra em cena e improvisa explorando as diagonais e direções a partir da sombra do poliedro, como se estivesse

dentro dele. Os demais participantes apreciam os efeitos dos gestos na sombra e se preparam para dançar, mantendo a prontidão, atenção e disponibilidade. O professor pode indicar o momento da troca ou estimular a autonomia na decisão de quando entrar e "tirar" o colega. Ademais, o docente pode girar o sólido geométrico ou deslocá-lo para provocar a sensação de profundidade.

2. Projete cores com papel-celofane na frente da luz ou conectando o *datashow* ao computador. Nessa vivência, os participantes podem formar duplas ou trios e experimentar os efeitos dos contornos do movimento (conceito de forma – Almeida, 2016) motivados pela coloração da tela. Por exemplo: na luz vermelha, explorar o tempo rápido; na azul, combinar as ações de flutuar, torcer e deslizar e, na amarela, dançar com o peso leve, mantendo a dinâmica do jogo palco-plateia. Essa estratégia pode favorecer uma apreciação ativa, uma vez que o participante deve permanecer preparado para entrar em cena. Por fim, pode-se usar imagens divididas em duas cores, provocando deslocamentos pelo espaço, uma vez que, se a criança estiver no lado vermelho, dançará em tempo rápido, mas, se movimentar para a cor amarela, improvisará a partir do peso leve.

Há muitas outras ideias e possibilidades, inclusive com os celulares e *tablets*; é só despertar a criatividade e a imaginação!

6
Lançando além-mar

As práticas em dança nos ambientes educacionais, especialmente com crianças, são diversas, multifacetadas e multiconceituais. Em nossas (an)danças por alguns contextos que abordam essa linguagem artística, presenciamos ações que priorizam-na como lazer, brinquedos cantados, processos de musicalização, catarse para liberar as emoções, gastar energia, desenvolvimento da autoestima, atividade física e em datas comemorativas.

Tais iniciativas não podem ser desvalorizadas e revelam o amplo panorama de uma área de conhecimento. Todavia, a dança como arte, com seus elementos próprios, metodologias e processos de criação, ainda está pouco presente nos universos educacionais formais, em relação à demanda brasileira com a infância.

Constantemente enfrentamos questionamentos sobre "isso" ser dança, tanto por parte dos pais, responsáveis, gestores e professores quanto por parte das próprias crianças. O rótulo da dança e sua inserção no cotidiano educacional infantil continua estagnado, bem como o papel da arte e da cultura nas concepções instrumentais, tecnicistas e utilitaristas do mundo em que vivemos.

Além do mais, são poucos os contextos que utilizam de uma gestão democrática, "dando voz e vez" à participação das crianças nas decisões. Nesse contexto, urge desvelar seus distintos saberes e conhecê-las a partir delas próprias e não de visões preconcebidas do que pensamos que elas gostam, são, como atuam, compreendem o mundo ou de modelos europeus/norte-americanos de infância.

Cada local produz um saber que precisa ser respeitado, em diálogo com o conhecimento construído historicamente e com multi-intertransculturalismo no qual vivemos, possibilitado pelas tecnologias da informação. Dessa forma, é necessário se atentar às reelaborações que acontecem e transformam a maneira como percebemos e participamos em nosso entorno. E as práticas educativas não podem ficar de fora.

Desse modo, segundo Xavier (2007), apoiar-se em uma fórmula que deu certo é uma cilada que pode limitar o professor como artista e pedagogo do movimento. Assim, novamente, destacamos a importância de o docente construir saberes proveniente de seu fazer, de se (re)inventar, buscar novos caminhos constantemente e não desistir.

Nesse sentido, é importante que a arte com a educação infantil não se baseie em modelos preestabelecidos, regras de como fazer ou produções artísticas controladas e pensadas pelo adulto. As crianças precisam ter liberdade para criar, experimentar e ousar; e o adulto, abertura para a surpresa, o inusitado e a uma escuta sensível para apoiar as descobertas e imaginações dos pequenos.

Trabalhar com a infância e com a arte é aceitar o "caos" e se dispor a percorrer o campo florido do imaginário dos pequenos, lidando com os desafios e imprevistos que surgem no caminho.

Ademais, unir criança com uma dança que possibilite a exploração e a criação do movimento, no início, não é uma tarefa fácil; elas embarcam na proposta com muito vigor e intensidade e, repentinamente, tudo pode se transformar em um "pega-pega".

Além disso, na maioria das vezes, as vivências planejadas não ocorrem como esperado, especialmente porque a concebemos com base em nossa visão de mundo. E, aqui, reside o papel da reflexão após ação, no intuito de afinar nosso olhar para o protagonismo infantil e criar novas estratégias para a ampliação das percepções dessa gente miúda sobre si, o outro e o meio.

Sob tais aspectos, frisamos que todas as vivências descritas no livro foram realizadas por nós, com as crianças. Não são palavras utópicas e descontextualizadas, mas fruto de muitas tentativas, experimentações, discussões, construções e exposições de nossas fragilidades. Atuamos em locais pouco estruturados física e materialmente, e com turmas com até 40 crianças. Diante das dificuldades reais da educação brasileira, muitas vezes nos rendíamos ao "muro das lamentações", mas, rapidamente, investíamos em tentar resolver as situações.

É necessário abandonar a forma como construímos nosso pensamento e (re)conhecer as peculiaridades dessa fase da vida, refletindo sobre como estamos organizando o espaço, os materiais que estão sendo ofertados, o tempo de exploração e, principalmente, a maneira como ouvimos e falamos com eles, dando credibilidade ou não aos seus comentários.

Esperamos que este livro se transforme em um trampolim para muitos outros projetos que possam ser elaborados, a partir de muitas redes de conexões; não só de conceitos e áreas do conhecimento, mas de pessoas.

Almejamos também que a dança fundida à infância e à educação seja uma potência para a ampliação das sensações, das descobertas, das interações e das criações, bem como da autonomia, do respeito, da diversidade e do cuidado de si, do outro e do meio. Sabemos que as mudanças levam tempo, mas são possíveis.

Referências bibliográficas

Almeida, Fernanda de Souza. "Apreciação estética em dança na educação infantil: possibilidades para uma intervenção arte/educadora". In: ANAIS... XXIV Congresso Nacional da Federação de Arte/Educadores do Brasil. Ponta Grossa: UEPG, 2014.

_____. *Que dança é essa? Uma proposta para a educação infantil*. São Paulo: Summus, 2016.

Andrade, Carolina Romano de. *Dança para criança: uma proposta para o ensino de dança voltada para a educação infantil*. Tese (Doutorado em Artes), Instituto de Artes – Unesp, São Paulo, 2016.

Bastos, Helena (org.). *Corpo e cidade: moveres entre aproximações e distanciamentos*. São Paulo: Cooperativa Paulista de Dança, 2015.

Bonamin. Aline. "Somar para criar brincando". In: Lengos, Georgia (org.). *Põe o dedo aqui! Reflexões sobre dança contemporânea para crianças*. São Paulo: Terceira Margem, 2007.

Brasil. Ministério da Educação. Secretaria de Educação Básica. *Diretrizes Curriculares Nacionais para a Educação Infantil*. Secretaria de Educação Básica. – Brasília: MEC/SEB, 2009.

Brotto, F. O. *Jogos cooperativos: se o importante é competir, o fundamental é cooperar!* 7. ed. Santos: Projeto Cooperação, 2003.

Carbonell, Jaume. *Pedagogias do século XXI: bases para a intervenção educativa*. Trad. Juliana dos Santos Padilha. 3. ed. Porto Alegre: Penso, 2016.

Edwards, Carolyn; Gandini, Lella; Forman, George. *As cem linguagens da criança - Vol. 2*. Porto Alegre: Penso Editora, 2015.

FIGUEIREDO, Valéria Maria Chaves de. "Manifestações populares e a educação: entre o dito e o não dito". In: *Dança na escola: arte e ensino*. TV Escola/ Salto para o Futuro. Ano XXII, boletim 2, abr. 2012.

GODOY, Kathya Maria Ayres de. "O espaço da dança na escola". In: KERR, Dorotéa Machado (org.). *Pedagogia cidadã: caderno de formação: artes*. 2. ed. São Paulo: Páginas & Letras Editora e Gráfica, Unesp. Pró-Reitoria de Graduação, 2007.

_____. "A criança e a dança na educação infantil". In: KERR, Dorotéa Machado (org.). *Caderno de formação: formação de professores: conteúdos e didática de artes*. v. 5. São Paulo: Cultura Acadêmica Editora, 2011, p. 20-28.

KINDERSLEY, Barnabas; KINDERSLEY, Anabel. *Crianças como você: uma emocionante celebração da infância no mundo*. Trad. Mario Vilela Filho. 6. ed. São Paulo: Ática, 2001.

LABAN, Rudolf. *Domínio do movimento*. 5. ed. São Paulo: Summus, 1978.

_____. *Dança educativa moderna*. São Paulo: Ícone, 1990.

LIMA, Elaine Cristina Pereira. *Que dança faz dançar a criança? Investigando as possibilidades da dança-improvisação na educação infantil*. Dissertação (Mestrado em Educação Física), Universidade Federal de Santa Catarina, Florianópolis, 2009a.

LIMA, Ruth Regina Mello de. *Dança: linguagem do corpo na educação infantil*. Dissertação (Mestrado em Educação), Universidade Federal do Rio Grande do Nortes: 2009b.

LOBO, Leonora; NAVAS, Cassia. *Teatro do movimento: um método para o intérprete criador*. Brasília: LGE, 2003.

LUCKESI, Cipriano Carlos. "Ludicidade e atividades lúdicas: uma abordagem a partir da experiência interna". 2005. Disponível em: <http://www.luckesi.com.br/artigoseducacaoludicidade.htm>. Acesso em: 20 maio 2016.

MARQUES, Isabel de Azevedo. *Apostila do curso "Rudolf Laban hoje"*. São Paulo: Caleidos Arte e Ensino, 2000.

MATTHES, Niulza Antonietti. "Olhar estético: o cultivo dos sentidos". In: GODOY, Kathya Maria Ayres de; ANTUNES, Rita de Cássia Franco de Souza (orgs.). *Movimento e cultura na escola: dança*. São Paulo. Instituto de Artes da Unesp, Pró-Reitoria de Graduação, 2010.

MILLER, Jussara. *Qual é o corpo que dança? Dança e educação somática para adultos e crianças*. São Paulo: Summus, 2012.

OSTETTO, Luciana Esmeralda. "Prefácio". In: PEREIRA, Ana Cristina Carvalho; FIGUEIREDO, Ricardo Carvalho de (orgs.). *Formação, experiência e criação: curso educação infantil, infâncias e arte*. Belo Horizonte: UFMG/FaE, 2014.

PEREIRA, Bernadete Terezinha. "O uso das tecnologias da informação e comunicação na prática pedagógica da escola". In: Portal Dia a Dia Educação, s/d. Disponível em: <http://www.diaadiaeducacao.pr.gov.br/portals/pde/arquivos/1381-8.pdf>. Acesso em: 6 jun. 2017.

RENGEL, Lenira Peral. *Os temas de movimento de Rudolf Laban: modos de aplicação e referências I, II, III, IV, V, VI, VII e VIII*. São Paulo: Annablume, 2008.

SALLES, Cecília. *Redes da criação: construção da obra de arte*. São Paulo: Horizonte, 2006.

SANTINHO, Gabriela Di Donato Salvador; OLIVEIRA, Kamilla Mesquita. *Improvisação em dança*. Guarapuava: Unicentro, 2016.

SAYÃO, D. T. "Corpo e movimento: notas para problematizar algumas questões relacionadas à educação infantil e a educação física". *Revista Brasileira de Ciências do Esporte*, Campinas, v. 23, n. 2, jan. 2002, p. 55-67. Disponível em: <http://rbce.cbce.org.br/index.php/RBCE/article/viewFile/270/253>. Acesso em: 18 ago. 2016.

SIMÃO, Márcia Buss; ROCHA, Eloísa Acires Candal. "Crianças, infâncias, educação e corpo". *Revista Nuances: estudos sobre Educação*, ano XIII, v. 14, n. 15, Presidente Prudente, jan./dez. 2007, p. 185-204.

SIQUEIRA, Denise da Costa Oliveira. *Corpo, comunicação e cultura: a dança contemporânea em cena*. Campinas: Autores Associados, 2006.

TOURINHO, Ligia. "Jogo coreográfico: uma proposta pedagógica e artística sobre o fenômeno da composição coreográfica e dramatúrgica na dança contemporânea". IV Reunião Científica de Pesquisa e Pós-Graduação em Artes Cênicas – UFRJ, 2007.

XAVIER, Uxa. "Que dança é essa?" In: LENGOS, Georgia (org.). *Põe o dedo aqui! Reflexões sobre dança contemporânea para crianças*. São Paulo: Terceira Margem, 2007.

Agradecimentos

À Faculdade de Educação Física e Dança (FEFD), em especial ao curso de licenciatura em Dança da Universidade Federal de Goiás, que oportunizou nosso encontro, apoiou as atividades de pesquisa e extensão e ofereceu um espaço para estudarmos, discutirmos e experimentarmos a dança com as crianças.

Ao Grupo de Pesquisa em Dança: Arte, Educação e Infância, sobretudo à Sarah, Luana e Danielly, que acompanharam e contribuíram com o processo de sistematização deste livro.

Às escolas, às crianças, aos pais, aos professores e aos gestores, pelos compartilhamentos, recepção e confiança.

Aos familiares e amigos pela compreensão nas ausências, pelo eterno acolhimento e desejo incondicional de nossa prosperidade.

E a todas as pessoas que participaram direta ou indiretamente no processo de criação desta obra.

Nossa gratidão!

www.gruposummus.com.br

IMPRESSO NA
sumago gráfica editorial ltda
rua itauna, 789   vila maria
02111-031   são paulo   sp
tel e fax 11 **2955 5636**
sumago@sumago.com.br